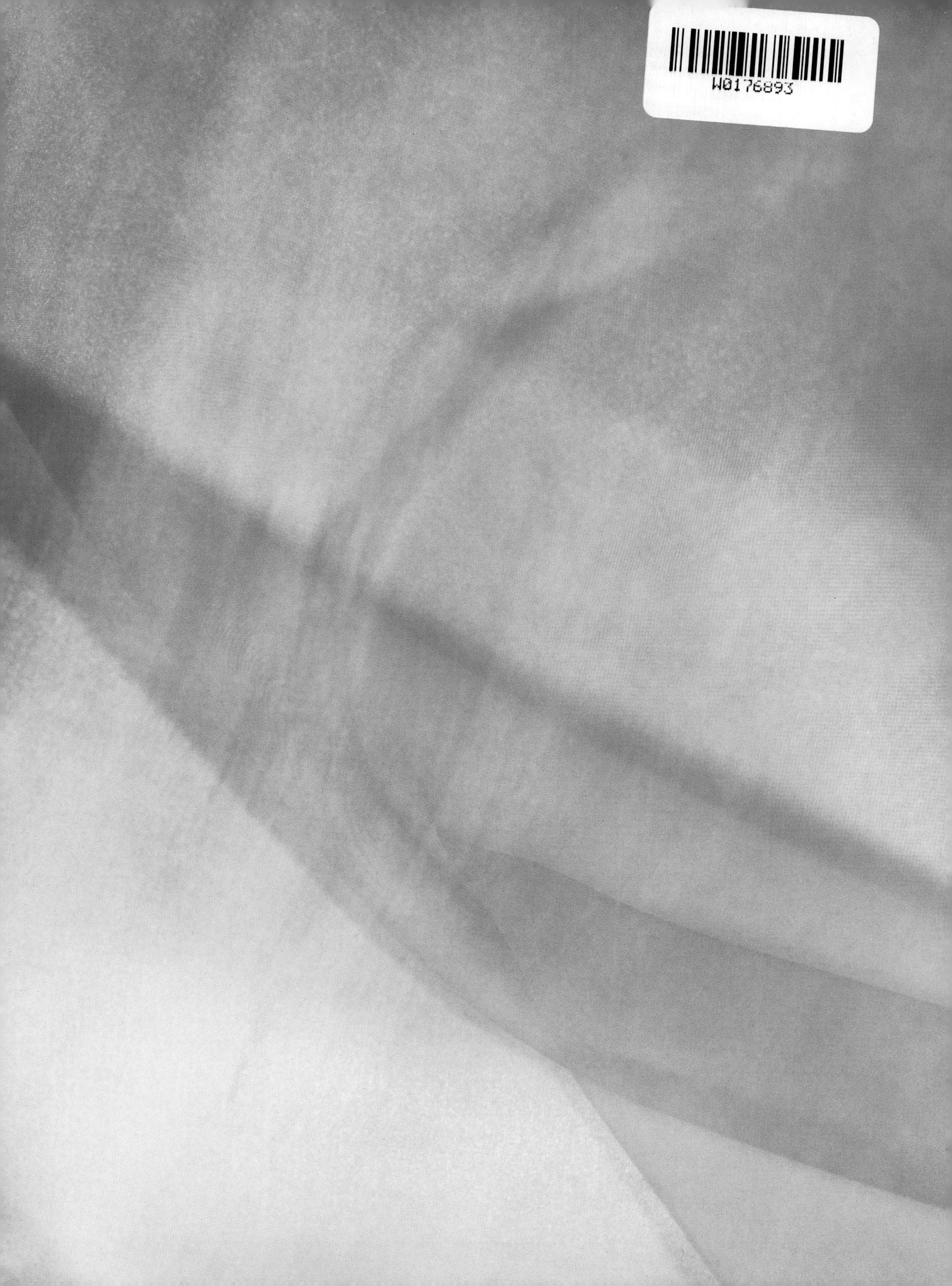

Kalashatra Govinda

TANTRA

Geheimnisse östlicher Liebeskunst

südwest

Inhalt

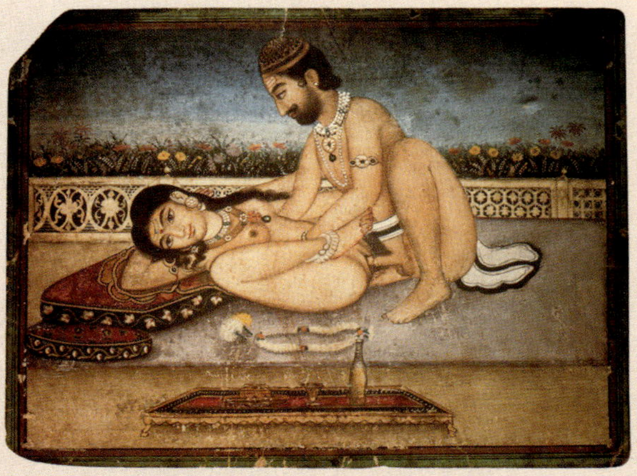

Die rituelle sexuelle Vereinigung mit dem Partner im Tantra führt zu ekstatischem Energieaustausch.

Yoga-Übungen können Ihnen helfen, den Alltag hinter sich zu lassen, Ruhe und Zufriedenheit zu finden und sich ganz auf sich selbst zu besinnen.

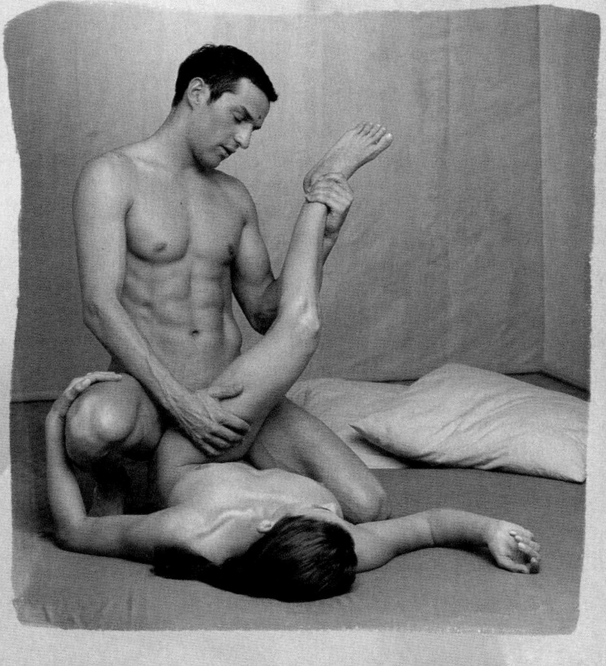

In den tantrischen Liebesstellungen kann die kostbare Fähigkeit entwickelt werden, sich total und bedingungslos der Lust zu öffnen und hinzugeben.

Einleitung

Tantra – die »hohe Schule der sexuellen Vereinigung« – ist heute so aktuell wie nie zuvor. Kein Wunder, denn Tantra zeigt einerseits den Weg zu sinnlicher, lebens- und lustbejahender Sexualität, andererseits aber auch den Ausweg aus der »sexuellen Konsumfalle«. Jenseits der schnellen Triebbefriedigung lernen Tantra-Übende die spirituelle Dimension der Sexualität kennen. Es geht darum, die Zweisamkeit neu zu entdecken, Vertrauen und Hingabe zu entwickeln, Hemmungen abzubauen und mit der Zeit ungeahnte Gipfel der Ekstase zu erkunden. Tantra ist »Balsam für die Liebe«, ein Balsam, der neuen Schwung in jede Partnerschaft bringt.

Was ist Tantra?

Tantra bringt Körper, Geist und Seele in Einklang und kann sogar helfen, zur Erleuchtung zu gelangen. Mit Tantra können Sie außerdem Ihre sexuellen Energien steigern und die hohe Kunst der Liebe erlernen.

Tantra ist eine alte indische Lehre, die sehr stark esoterisch orientiert ist und alle Lebensbereiche betrifft. Unter anderem beschäftigt sie sich auch sehr intensiv mit der Sexualität. Mit Hilfe tantrischer Übungen können Sie den sexuellen Akt mit Ihrem Partner in eine tiefe, spirituelle Begegnung verwandeln.
Obwohl diese Lehre aus dem Osten stammt, kann sie das Leben jedes Menschen bereichern, unabhängig davon, welcher Kultur oder Religion er angehört und in welcher Zeit er lebt. Tantra kann Ihnen darüber hinaus helfen, mehr Lebensfreude zu empfinden – und natürlich auch mehr Freude an der Sexualität. Sie werden dabei viel über das tiefere Wesen von Partnerschaft und Liebe lernen.

Liebe und Sexualität

Gerade im Hinblick auf Ihr Liebesleben kann Tantra sehr viele positive Veränderungen hervorrufen:

- Ihr Leben wird insgesamt farbiger, intensiver und befriedigender.
- Sie lernen, uneingeschränkt ja zum Leben, zur Lust und zur Liebe zu sagen.
- Sie werden sensibler und wacher werden und so sich selbst und Ihren Partner intensiver spüren.
- Sie lernen, Ihre sexuellen Energien zu konzentrieren und Ihre Potenz zu steigern.
- Sie werden Ihre Sinnlichkeit entfalten, Vertrauen und Hingabe entwickeln und ungeahnte Gipfel der Ekstase erleben.
- Sie lernen, Ängste und Hemmungen zu überwinden

und sexuelle Blockaden und Probleme zu lösen.

- Die Qualität Ihrer sexuellen Begegnungen wird sich in hohem Maße verbessern.
- Nicht zuletzt werden die Techniken des Tantra beziehungsweise des Tantra-Yoga Ihnen auch helfen, die Harmonie von Körper, Seele und Geist zu pflegen. Damit tun Sie auch etwas für Ihre Gesundheit.

So hilft Ihnen dieses Buch

Auf den nächsten Seiten lernen Sie die wichtigsten Elemente der tantrischen Liebeskunst kennen. Und Sie erfahren, wie Sie diese zeitgemäß und unserer westlichen Kultur entsprechend einsetzen, um Ihre Sinnlichkeit zu wecken und die Freude an der Sexualität neu zu entdecken. Die grundlegenden esoterischen Hintergründe der indischen Lebens- und Liebeskunst werden auf einfache Weise erklärt. Erotische Massagen, Berührungs- und Sinnlichkeitsübungen helfen Ihnen, Zärtlichkeit und Sensibilität zu kultivieren und sich und Ihren Partner bewusster wahrzunehmen. Neben geschichtlichen Informationen erhalten Sie konkrete Hinweise zu Tantra-Yoga-Übungen: Durch Körperstellungen, Atemtechniken und Meditationen lernen Sie, sich auf die sexuelle Begegnung mit Ihrem Partner vorzubereiten, während Sie zugleich Ihre Vitalität erhöhen. Sie erfahren einiges über die Geheimnisse des Orgasmus und über die Möglichkeit, sexuelle Energie zu speichern und die Funktion Ihrer Chakras zu verbessern.
Die wichtigsten klassischen Liebesstellungen des Tantra sowie spezielle sexuelle Techniken, die der Entfaltung der spirituellen Liebe dienen, werden genau beschrieben und weisen den Weg zu ekstatischen und »erleuchtenden« Erfahrungen. Schließlich finden Sie auch Tipps für die Auswahl und den Einsatz anregender Liebesmittel aus der Naturapotheke.
Beim Umgang mit dem vorliegenden Buch bitten wir Sie zu bedenken, dass Tantra in erster Linie dazu dient, einen »spirituellen Lebenskünstler« aus Ihnen zu machen. Nutzen Sie den Inhalt dieses Buches als Grundlage für persönliche Erfahrungen und Experimente! Verlieren Sie sich nicht zu sehr in Gedanken an die »richtige Technik«, sondern entdecken Sie Ihr individuelles Tantra, indem Sie sich den Freiraum gönnen, den Sie für Ihre Entfaltung benötigen. Eine entspannte, heitere Gemütsverfassung sowie Spontaneität und Einfühlungsvermögen sind die besten Voraussetzungen für Tantra. Gehen Sie daher mit den angebotenen Anweisungen, Tipps und Techniken immer spielerisch und flexibel um, und zögern Sie nicht, sie Ihren Bedürfnissen anzupassen.

Was Sie über Tantra wissen sollten

Der Begriff »Tantra« stammt aus dem Sanskrit und bedeutet zum einen »Fäden« oder »Gewebe«. Außerdem heißt »Tantra« auch so viel wie »innerstes Wesen« oder »Essenz«. Ursprünglich wurde unter dieser Bezeichnung eine Reihe esoterischer Rituale und Schriften zusammengefasst – die so genannten Tantras –, die aus der geistigen Welt des Hinduismus und Buddhismus stammen.

Diese Schriften dokumentieren den Dialog zwischen Shiva, der männlichen Gottheit, und seiner Geliebten Parvati, einer Personifizierung Shaktis (siehe auch Seite 16f.). In esoterisch-philosophischen Gesprächen klärt Shiva seine göttliche Gefährtin über die Tantra-Rituale auf. Dabei spielen die fünf »M« eine besondere Rolle: »Maithuna« (Geschlechtsverkehr), »Mada« (Wein), »Matsya« (Fisch), »Mansa« (Fleisch) und »Mudra« (Getreide). Sie alle stehen als Symbole für Lebenslust und Sinnlichkeit. Deshalb wird Tantra auch als der »spirituelle Weg der Lebensfreude« bezeichnet.

Wein, Fleisch und Fisch symbolisieren laut tantrischer Überlieferung Lebenslust.

Geschichte und Herkunft

Über die Herkunft des Tantra wissen wir heute wenig. Der Ursprung tantrischer Ideen geht wahrscheinlich bis auf die Anfänge der ersten Hochkulturen matriarchalischer Zivilisation vor mehr als 10 000 Jahren zurück. Fest steht, dass die geheimen Tantra-Rituale zunächst lange Zeit von Generation zu Generation mündlich überliefert worden sind. Archäologische Funde sexueller Symbole geben erste konkretere Hinweise und deuten darauf hin, dass die Ursprünge des Tantra innerhalb der Induskultur schon früh in Form von Fruchtbarkeits- und Mutterkulten auftauchten.

Suche nach Einheit In den teilweise mehr als 2 500 Jahre alten Upanishaden, den heiligen Schriften des Brahmanismus, spielt Tantra offensichtlich ebenfalls eine Rolle. Darin wird die hinduistische Schöpfungsgeschichte dargestellt, wobei die Sehnsucht der weiblichen Urgottheit geschildert wird, aus der Einheit die Polarität und damit Mann und Frau zu erschaffen. Ein bekanntes Zeugnis tantrischer Lebenslust sind auch die Ruinen indischer Tempel: Sie zeigen das Liebesspiel zwischen männlichen und weiblichen Gottheiten als Ausdruck der Suche nach Einheit.

Gleichberechtigung Ab dem 5. Jahrhundert n. Chr. gewann Tantra einen beachtlichen Einfluss auf Hinduismus und Buddhismus. Zu den bekanntesten Tantras zählen das Kularnava, der Ananga-Ranga und das Kamasutra. Das Kamasutra wurde um das 4. Jahrhundert n. Chr. von verschiedenen Autoren aus 12 einzelnen Schriften zusammengestellt. Die im Kamasutra und anderen Tantras festgehaltenen Rituale und Lehren wenden sich gegen die orthodoxe Autorität der Veden. Tantra ignoriert unter anderem das Kastensystem und erklärt alle Menschen zu gleichberechtigten Wesen. Darüber hinaus beinhaltet Tantra auch orgiastische Rituale, und so verwundert es nicht, dass Tantra-Anhänger ihre unorthodoxen Praktiken seit jeher nur heimlich auszuführen wagten.

Zwischen dem 6. und 17. Jahrhundert hatte der Tantrismus in Asam und Bengalen seine Blütezeit. Neben einigen brahmanischen Gemeinschaften machte sich besonders der buddhistische Vajrayana-Kult, der sich aus dem Mahayana-Buddhismus entwickelte, tantrische Praktiken zu Eigen. Der buddhistische Tantrismus

wurde in Tibet weiterentwickelt und beeinflusste wiederum den hinduistischen Tantrismus.
Auch der Taoismus wurde von tantrischem Gedankengut geprägt. Chinas Taoisten waren bereits vor über 2500 Jahren mit tantrischen Lehren vertraut. In seiner klassischen Form wird der Tantrismus – einst in ganz Nepal und China verbreitet – heute vor allem in Nordindien gepflegt. Nur langsam wurde Tantra auch im Westen bekannt. Inzwischen werden aber auch hier immer mehr Tantra-Kurse angeboten.

Ziele des Tantra

Obwohl es viele unterschiedliche Schulen und Varianten von Tantra gibt, sind die Ziele im Grunde immer dieselben. Wie ein Universalschlüssel verschiedene Türen öffnen kann, kann auch Tantra die unterschiedlichsten Schatztruhen erschließen. Letztendlich hängt es allein von Ihnen ab, ob Sie mit Hilfe von Tantra lediglich Ihre Gesundheit erhalten wollen oder ob es Ihnen vielmehr darum geht, »Samadhi«, die Erleuchtung, zu erlangen.
Harmonie Tantra zielt zunächst auf die harmonische Entwicklung des menschlichen Potenzials ab. Körper, Seele und Geist werden gepflegt und so gesund erhalten. Tantra sagt ja zur Sinnlichkeit, ja zur so oft verdammten »Fleischeslust«. Für einen Tantra-Übenden – einen »Tantrika« – gibt es keine Trennung von »Fleisch« und »Geist«. Alles, was uns das Leben zu bieten hat, ist heilig! Tantra würdigt den menschlichen Körper als göttliches, Lust spendendes Geschenk. Ohne Lust gäbe es keine Zeugung, keine Entwicklung, keine Evolution. Die einzige »Sünde«, die Tantra kennt, ist es, anderen Menschen oder sich selbst Leid zuzufügen, denn Tantra zeigt eine ausgeprägte Ehrfurcht vor dem Leben – vor dem eigenen ebenso sehr wie vor fremdem.
Tantra bietet den Menschen heute eine besondere Chance – nicht nur, weil es die Lust, den Genuss und den Körper bejaht, sondern vor allem deshalb, weil es den Weg zu einem bewussten Umgang mit der körperlichen Lust weist, der nichts mit Sexkonsum zu tun hat. Tantra befreit von einer mechanischen, triebgebundenen und nur kurzzeitig befriedigenden – oder sollte man besser sagen »erleichternden« – Sexualität und von vielen sexuellen Problemen und Störungen.

Im Tantra werden die Sinne entwickelt, was die Voraussetzung für ein sinn-volles Leben ist.

Potenzprobleme, Erektionsstörungen, Orgasmusschwierigkeiten, Schuldgefühle, Versagensängste und andere Hemmungen werden oft durch falsche Moralvorstellungen, mangelnden Kontakt zum eigenen Körper oder seelische Blockaden hervorgerufen. All diese Ursachen können mit Tantra beseitigt werden.
Dabei fordert Tantra jedoch nie dazu auf, sich direkt mit seinen sexuellen Problemen zu beschäftigen. Sie sollten Ihre sexuellen Schwierigkeiten zunächst vollkommen vergessen und stattdessen die Übungen des Tantra praktizieren. Wenn Sie beispielsweise unter Orgasmusschwierigkeiten oder so genannter Frigidität leiden, so wird gerade der Wille, zum Orgasmus zu kommen oder beim Sex »mehr zu empfinden«, dies verunmöglichen. Dasselbe gilt für Erektionsstörungen, die nur in den allerseltensten Fällen Folge von Operationen, Medikamenteneinnahme oder Organstörungen sind. Je mehr Sie eine Erektion haben wollen, desto sicherer wird sie Ihnen verwehrt bleiben.

Entspannt genießen

Im Tantra gibt es genug Möglichkeiten, auch ohne Jagd nach Orgasmen oder Erektionen zu erfüllenden, erotischen Begegnungen zu finden: Entspannung und Offenheit stehen dabei im Mittelpunkt; Erwartungshaltung und Leistungsdenken wirken hier hemmend. Neben einer gesunden Ernährungs- und Lebensweise sowie dem Vermeiden von Giftstoffen schlägt Tantra eine Reihe spezieller Techniken vor, von denen alle Organe und damit auch die Geschlechtsorgane profitieren.
Letztendlich strebt Tantra natürlich nicht nur eine bessere Funktion der Geschlechtsorgane, sondern durchaus auch eine Vertiefung des erotischen Erlebens, eine Stärkung der Potenz und eine ausgeprägte Orgasmusfähigkeit an. Doch gerade das erreicht man nicht durch Willenskraft: Diese Ziele werden durch einfühlsames und ungezwungenes Üben tantrischer Techniken ganz von selbst erreicht.

Bewusstseinserweiterung Das eigene Energiepotenzial auszuschöpfen, den Liebesakt intensiver zu erleben und die Chakras zu entwickeln, das sind im Grunde nur Teilziele, die dabei helfen, das eigentliche, höchste Ziel von Tantra zu erreichen: Tantra ist das »Yoga der Liebe«. Tantra und Yoga verfolgen kein geringeres Ziel als die Erweiterung des Bewusstseins und das Erlangen von Glückseligkeit. Im Gegensatz zum asketisch orientierten Yoga legt Tantra das Gewicht dabei auf Ekstase.
In der Ekstase kann das eingeengte Ichbewusstsein überwunden werden. Die Verehrung des Abstrakten (des Göttlichen) im Konkreten (dem/der Geliebten) dient dazu, Einheit und tiefe Liebe zu erfahren. Es geht um Transzendenz – um das Überschreiten der Grenzen, die die gewöhnlichen Erfahrungen setzen. Es geht darum, dass der Mensch sein Alltagsbewusstsein zu einem kosmischen Bewusstsein ausdehnt und Glückseligkeit, Erleuchtung oder »Samadhi«, wie es im Tantra heißt, erfährt.
Indem der Gegensatz zwischen Frau und Mann, zwischen Ich und Du allmählich aufgelöst wird, entsteht ein Gefühl von Einheit, die mit Liebe und Achtsamkeit einhergeht. Tantrischer Sex ist ohne eine solche behutsame Zuneigung nicht möglich.

Schon in den alten tantrischen Überlieferungen steht die sexuelle Vereinigung von Mann und Frau immer wieder im Mittelpunkt.

Der Weg des Tantra

Gesundheit, eine erfüllte Sexualität, Spiritualität und transzendentale Liebe sind wichtige Ziele des Tantra. Doch wie werden diese im Tantra erreicht? Welche »Techniken« werden dabei eingesetzt?

Auch wenn jede Tantra-Schule ihre eigenen Methoden ausübt, um diese Ziele zu erreichen, so bauen die verschiedenen Techniken doch immer auf einigen wichtigen Grundregeln auf, die praktisch bei jeder Tantra-Form beachtet werden.

Zunächst einmal bedient sich Tantra nicht der Askese – im Gegensatz zu fast allen anderen spirituellen Wegen, die ihren Ursprung im Hinduismus und Buddhismus haben. Die lebensbejahende, sinnliche Sichtweise des Tantra betrachtet nämlich jede Form der Kasteiung als sinn- und aussichtslosen Kampf gegen die menschliche Natur.

Genuss durch Verzicht Wenn man Leben, Sinnlichkeit und Sexualität ablehnt, ist Befreiung nur schwer zu erlangen. Aus diesem Grund macht Tantra auch keinen Bogen um das Leben, die Lust, die Leidenschaft und den Genuss, sondern führt stattdessen mitten hindurch. Dennoch geht es bei Tantra nicht um das hemmungslose Ausleben sexueller Triebe. Ohne Kontrolle und Lenkung der sexuellen Energie, ohne Geduld und Konzentration ist eine tief greifende »Heiligung« des sexuellen Akts nicht möglich. So gesehen hat auch Tantra »asketische« Züge.

Der Verzicht auf Sexkonsum ist Bedingung, wenn man höchste ekstatische Gipfel erreichen will.

Abgesehen von der inneren Haltung der Lebensfreude und dem spirituellen Aspekt, spielen beim Tantra einige konkrete Methoden eine Rolle.

- Die Sinnlichkeit wird über den Geschmackssinn (Wein, bestimmte Speisen), das Riechen (Aromaöle, Räucherstäbchen) und den Tastsinn (Berührungen, zärtliche Massagen) angesprochen.
- Der Geschlechtsverkehr wird ritualisiert, unter anderem indem klassische Liebesstellungen eingenommen werden.
- Entspannungstechniken fördern die Gelassenheit und eine angstfreie, meditative erotische Erfahrung.
- Kontrolle über die sexuelle Erregung und den Orgasmus ermöglicht es, den sexuellen Akt zu verlängern.
- Durch Tantra-Yoga-Techniken und Atemübungen werden sexuelle Energien angeregt, das Körperbewusstsein wird verfeinert, und die Chakras werden entwickelt.
- Man setzt Mantras (heilige Klänge) ein.

Individuelle Varianten finden

Grundsätzlich muss jeder Mensch seine eigene Form des Tantra finden. Je nach Zeitalter, Land und vorherrschender Kultur wurden im Laufe der Zeit viele verschiedene Tantra-Formen entwickelt. So eignet sich zum Beispiel das Tantra, das in Indien zur Zeit des Mittelalters praktiziert wurde, in seiner ursprünglichen Form natürlich nicht ohne weiteres für den modernen Menschen.

Tantra bietet Ihnen neue Möglichkeiten, doch die Methoden sollten immer Ihren persönlichen Bedürfnissen angepasst werden. Die in diesem Buch angebotenen Techniken bilden die Grundlage für ein zeitgemäßes Tantra. Experimentieren Sie auf dieser Grundlage mit Ihrem Partner, und finden Sie gemeinsam heraus, welche Methoden Sie besonders reizvoll finden und ob es Ihnen mehr um die Entfaltung Ihrer Sinnlichkeit, um die Stärkung der sexuellen Energien oder vor allem um die meditative Vereinigung geht.

Nicht nur bestimmte Techniken, sondern vor allem Vertrauen und zärtliche Zuneigung sind beim tantrischen Sex wichtig.

Esoterische Grundlagen

Wer Tantra richtig verstehen will, sollte einen Blick auf die esoterischen Hintergründe werfen. Leider wird Tantra bei oberflächlicher Betrachtung oft mit »Sexgymnastik« verwechselt. Dabei liegt die tiefere Bedeutung der östlichen Liebeskunst darin, die engen Grenzen des Ichbewusstseins zu sprengen. Durch Tantra-Übungen wird der Energiefluss im Feinstoffkörper aktiviert, wodurch die Chakras, die Bewusstseinszentren der menschlichen Aura, sich entfalten können. Tantra schärft den Blick für die Wirklichkeit, die sich hinter der äußeren Erscheinung verbirgt, und so lernen Tantra-Übende, sich selbst und ihren Partner mit neuen, das heißt wacheren und liebevolleren Augen zu sehen.

Die tantrische Schöpfungsgeschichte

Damit man die Zusammenhänge im Tantra verstehen und den Sinn verschiedener Techniken besser nachvollziehen kann, ist es sinnvoll, etwas über die zugrunde liegenden esoterischen Hintergründe des Tantra zu wissen.

Wenn auf den folgenden Seiten Begriffe aus dem Sanskrit wie »Shiva«, »Shakti«, »Chakras« oder »Kundalini« verwendet werden, heißt das natürlich nicht, dass die Ausübung verschiedener Tantra-Praktiken zwingend mit einer bestimmten Religion verbunden ist. Tantra in seiner modernen Form kann jeder nutzen – unabhängig von Kulturkreis und Religion! Dennoch werden in diesem Buch viele der ursprünglichen Bezeichnungen beibehalten, da wichtige Grundbegriffe des Tantra nicht treffend übersetzt werden können.

Das tantrische Weltbild geht von einer kosmischen Urenergie aus, die allem Sein zugrunde liegt. Dabei werden Geist und Materie als Einheit betrachtet. Denn trotz der vielen Gottheiten sieht Tantra das Göttliche im Grunde als ungeteilte Energie an. Da »Brahman«, die allgegenwärtige Wirklichkeit oder die Weltseele, überall anzutreffen ist, unterscheidet Tantra nicht zwischen göttlich und weltlich. Alle Wesen werden ausnahmslos von der einen Urenergie gespeist, und so kann die Wahrheit in der eigenen Seele ebenso erkannt werden wie in der Welt der Erscheinungen. Der »Tantrika« findet die letzte Wirklichkeit ebenso in der Meditation wie in der Sinnlichkeit – oder besser noch: in der Meditation über die Sinnlichkeit!

Individualität Die tantrische Sichtweise ist monistisch. Das heißt, das »eine Sein« wird als Grundlage aller Erscheinungen verehrt. Deshalb bejaht Tantra das Leben in seiner ganzen Fülle. Der Tantra-Übende macht die Erfahrung, dass das »göttliche Sein« in allen Lebewesen gegenwärtig ist. Nun wäre diese Erkenntnis zwar grundsätzlich für jeden Menschen erfahrbar. Dem steht jedoch im Wege, dass sich jeder Mensch normalerweise mit seinen individuellen Begrenzungen wahrnimmt und identifiziert.

Tantra versucht, die Ketten dieses eingeschränkten Alltagsbewusstseins zu sprengen. Nicht umsonst heißt die in »Tantra« enthaltene Wortwurzel

»Tan« so viel wie »Erweiterung« oder »Ausdehnung«. Durch tantrische Techniken und vor allem durch die rituelle sexuelle Vereinigung ist es möglich, sein Bewusstsein zu erweitern und zu seinem kosmischen Ursprung zurückzukehren.

Die Ursprungsgeschichte

Die hinduistische Schöpfungsgeschichte verrät viel über die Philosophie des Tantra. Tantra verehrt das Weibliche als Ursprung allen Seins. Nach dieser Geschichte ist die Urenergie, aus der das Universum entstand, weiblicher Natur, und die Urgöttin schuf Himmel, Erde, Meere, Flüsse, Fische, Vögel und alle anderen Tiere.
Obwohl ihre Schöpfung die Göttin zunächst mit Freude erfüllte, verspürte sie doch immer noch ein Gefühl der Leere – und es heißt sogar, dass die Urgöttin sich in ihrer göttlichen Abgeschiedenheit ein wenig langweilte. So schuf sie schließlich den Menschen, und zwar zunächst in seiner weiblichen Form! Als Kali nahm sie selbst diese weibliche Form an, um zu guter Letzt den Mann zu erschaffen, der die Welt in Form des Gottes Mahakala betrat. Durch die tantrische Vereinigung von Kali und Mahakala wurde die Menschheit erschaffen. Das ekstatische Liebesspiel zwischen Kali und Mahakala steht als Thema oft im Mittelpunkt tantrischer Kunst.

Mann und Frau als Einheit

Offensichtlich geht Tantra also davon aus, dass Mann und Frau eine untrennbare Einheit bilden. Die vermeintliche Trennung ist lediglich Folge einer Illusion, die durch die menschliche Inkarnation entsteht. Die Sehnsucht des vom göttlichen Ursprung abgespaltenen Ich spiegelt sich in der ewigen Suche nach dem anderen Geschlecht. Mehr oder weniger unbewusst ist der Wunsch nach Vereinigung und Ganzheit in jedem Menschen lebendig. Und so verbirgt sich hinter dem Wunsch nach sexueller Vereinigung und sexuellen Reizen letzten Endes die Sehnsucht, die ursprüngliche Einheit wiederherzustellen.
Für jeden Tantra-Übenden ist es zunächst wichtig, sich über sein egoistisches Ichbewusstsein zu erheben. Dazu dient vor allem die sexuelle Vereinigung, die durch die bewusste und zeremonielle Ausführung das Wirbewusstsein vertieft. Hier nimmt der/die Geliebte plötzlich eine viel bedeutendere Rolle ein als die des Geschlechtspartners: Der Mann wird zum verehrungswürdigen Gott Shiva, die Frau zur angebeteten Göttin Shakti beziehungsweise deren sinnliche, mitfühlende Verkörperung Parvati.

In zahlreichen Kunstwerken wird die Vereinigung von Mann und Frau dargestellt.

Shiva und Shakti

Die Gottheiten Shakti und Shiva verkörpern im Tantra den weiblichen und männlichen Pol. Shakti entspricht der Mondenergie oder dem chinesischen Yin, Shiva der Sonnenenergie oder dem chinesischen Yang. Ebenso wie Yin und Yang ergänzen sich Shakti und Shiva im ewigen Wechselspiel.

Shiva

Shiva (Sanskrit: »der Gnädige«) verkörpert die männliche Energie. Neben Vishnu und Brahma ist Shiva einer der drei Hauptgötter der Hindus. Shiva, der unter anderem auch »Sundareshvara« (der schöne Herr), »Bharaiva« (der Schreckliche) oder »Mahadeva« (der große Gott) genannt wird, wird im Hinduismus als allmächtiger Herrscher der Welt verehrt. Shiva gilt als der höchste Yogi und als Herrscher über den Tod. Im übertragenen Sinn steht Shiva für das kosmische Bewusstsein, das seinen Sitz im obersten Chakra des feinstofflichen Körpers hat (siehe auch Seite 19). Shiva steht auch für das Prinzip der Erkenntnis und des Erwachens.
Oft wird Shiva als kosmischer Tänzer, »Nataraja«, dargestellt, dessen Tanz den ständigen Wandel des Universums versinnbildlicht. Im Tantra spielt Shiva vor allem deshalb eine große Rolle, weil er Erotik und Sexualität symbolisiert und das männliche Prinzip verkörpert.

Shiva wird oft gemeinsam mit der Kobra oder dem Zebu dargestellt, das ihm als Reittier dient. Einige Darstellungen zeigen Shiva auch mit Trommel und Dreizack, andere als meditierenden gelockten Gott, der auf einem Tigerfell sitzt und einen Kranz von Schlangen oder Totenschädeln trägt.

Shakti

Shakti (Sanskrit: »die Kraft«) symbolisiert den weiblichen Pol. Shakti steht im Hinduismus für das weibliche Urprinzip, die höchste Göttin, die durch die Vereinigung sämtlicher von männlichen Gottheiten ausgesendeten Energien – der »shaktis« – erschaffen worden sein soll. Kein männlicher Gott kann ohne seine »shakti« auskommen, seine weibliche Energie, die in Form seiner göttlichen Gefährtin zum Ausdruck kommt. Im Tantra geht man davon aus, dass Frauen grundsätzlich über mehr »shakti« verfügen, als Männer. Als Shivas

Shiva und Shakti spielen in der tantrischen Mythologie eine große Rolle.

Gegenpol taucht Shakti in zwei unterschiedlichen Verkörperungen auf – einmal als Kali, die Furcht erregende Zerstörerin, zum anderen als die liebevolle, wohltätige und sinnliche Parvati. Im Sinne der großen Muttergöttin ist jedoch eher von Shakti als von Parvati die Rede. Shakti symbolisiert das Prinzip der Lebenskraft, die alle Materie belebt und die Natur erschafft. Im Feinstoffkörper bildet das unterste Chakra an der Basis der Wirbelsäule (siehe Seite 18) den Sitz der Shakti-Energie.

Yin und Yang, Shiva und Shakti – die Anziehung zwischen Männlichem und Weiblichem spiegelt sich in jeder Philosophie wider.

Kundalini – die »Schlangenkraft«

Die Tantra-Praxis basiert auf dem Geheimnis der Vereinigung männlicher und weiblicher Energie. Was im Allgemeinen als »Erleuchtung« oder »Samadhi« bezeichnet wird, ist das individuelle Bewusstsein der Vereinigung von Shiva und Shakti. Während Yoga eine Möglichkeit darstellt, diese Vereinigung für sich allein zu erfahren, strebt Tantra die kosmische Einheit gemeinsam mit dem Partner an. Dazu lernen Tantra-Anhänger, die Lebenskraft (Shakti) anzuregen und diese mit dem kosmischen Bewusstsein (Shiva) zu verbinden. Der Prozess des Erwachens, der durch Tantra beschleunigt wird, spiegelt sich im Bild der Kundalini wider. Kundalini steht ebenso wie Shakti für die kosmische Lebensenergie, wird jedoch als zusammengerollte Schlange dargestellt, die im menschlichen Körper an der Basis der Wirbelsäule schläft.
Durch spezielle Tantra-Übungen wird die Kundalini – auch »Kundalini-Shakti« genannt – erweckt und steigt entlang der Wirbelsäule aufwärts, wobei sie nach und nach alle Chakras aktiviert. Dies bedeutet starke Gesundheit und optimale Erfüllung des Menschen. Ebenso wie Yoga-Übungen fördern auch Tantra-Techniken die Aktivität der Chakras. »Chakra« ist ein Sanskritbegriff, der wörtlich »Rad« oder »Wirbel« bedeutet. Bei den Chakras handelt es sich nicht um materielle, anatomisch festlegbare Zentren, sondern um Energiewirbel oder Bewusstseinszentren der menschlichen Aura. Die Chakras sind entlang der Wirbelsäule angeordnet und durchstrahlen den Körper entsprechend ihrer Lage, wobei sie Organ- und Drüsenfunktionen ebenso beeinflussen wie Emotionen und Gedanken. Jede spirituelle Entwicklung geht mit einer Entfaltung der Chakras einher. Umgekehrt kann durch die bewusste Anregung bestimmter Chakras auch die persönliche Entwicklung entsprechend beeinflusst werden. Im Tantra geht es vor allem darum, die unteren Chakras (Basis- und Sakralzentrum) und damit die sexuellen Energien zu aktivieren.

Der Kurzüberblick auf Seite 18 und 19 enthält die wichtigsten Aspekte der Chakras wie traditionell zugeordnete Farben, Symbole und Mantras. Außerdem erfahren Sie, welche körperlichen und geistigen Funktionen jedes Chakra besonders beeinflusst.

Die Chakras

Muladhara-Chakra, Basiszentrum

Farbe Rot
Mantra LAM
Symbol Quadrat
Lage Damm, Beckenboden, Steiß
Bedeutung Überleben, Arterhaltung, Urenergie
Einflussbereich Ausscheidungsorgane, Nieren, Nebennieren, Dickdarm, Enddarm, Knochen, Steißbein
Positive Bewusstseinsaspekte Lebenskraft und -wille, Selbsterhaltung, Ausdauer, Rhythmus, Naturverbundenheit, Urvertrauen, Erdung
Negative Bewusstseinsaspekte Selbstsucht, Trägheit, Triebhaftigkeit, existenzielle Ängste
Körperliche Hinweise auf Störungen Darm-, Blasen- und Nierenerkrankungen, Prostataleiden, Knochenerkrankungen, Verstopfung, Blutdruckschwankungen, Blutarmut
Seelische Hinweise auf Störungen Ängste, Kraftlosigkeit, Misstrauen, schwache sexuelle Energie, Probleme, sich selbst anzunehmen

Svadhisthana-Chakra, Sakralzentrum

Farbe Orange
Mantra VAM
Symbol Mondsichel
Lage Kreuzbein, knapp oberhalb der Geschlechtsorgane
Bedeutung Sexualität, Fortpflanzung
Einflussbereich Keimdrüsen, Geschlechtsorgane, Unterleibsorgane, Kreuzbein, Beckenraum
Positive Bewusstseinsaspekte Leidenschaft, Libido, Zeugungskraft, Körperbewusstsein, Vitalität, Attraktivität, Kreativität, heilende Energie
Negative Bewusstseinsaspekte Lustabhängigkeit, Zwanghaftigkeit, Triebhaftigkeit, Aggressivität
Körperliche Hinweise auf Störungen Geschlechtskrankheiten, Menstruationsbeschwerden, Prostataerkrankungen, Impotenz, Schmerzen im unteren Rücken, Erkrankungen von Blut und Lymphe, Hauterkrankungen
Seelische Hinweise auf Störungen Kraftlosigkeit, sexuelle Unlust, Depressionen, Lebensfeindlichkeit

Manipura-Chakra, Nabelzentrum

Farbe Gelb
Mantra RAM
Symbol Dreieck
Lage Oberhalb des Nabels, Magenbereich, Lendenwirbelsäule, Sonnengeflecht
Bedeutung Gefühle
Einflussbereich Leber, Bauchspeicheldrüse, Bauchhöhle, Milz, Magen, Galle, vegetatives Nervensystem
Positive Bewusstseinsaspekte Mitgefühl, Sensibilität, Emotionalität, Durchsetzungsvermögen
Negative Bewusstseinsaspekte Gefühlskälte, Sentimentalität, Selbstmitleid, Machtbesessenheit
Körperliche Hinweise auf Störungen Magen- und Verdauungsbeschwerden, Übergewicht
Seelische Hinweise auf Störungen Wut, Ängste, Gereiztheit, Schlafstörungen, Alpträume

Anahata-Chakra, Herzzentrum

Farbe Grün
Mantra YAM
Symbol Davidstern
Lage Brustwirbelsäule, auf Herzhöhe, jedoch in der Brustmitte
Bedeutung Liebe, Menschlichkeit
Einflussbereich Thymusdrüse, Herz, Kreislauf, Blut, Brustkorb
Positive Bewusstseinsaspekte Liebe, Kommunikation, Gefühlswärme, künstlerischer Ausdruck
Negative Bewusstseinsaspekte Arroganz, Egoismus, Lieblosigkeit
Körperliche Hinweise auf Störungen Herzbeschwerden, zu hoher Blutdruck, Lungenerkrankungen
Seelische Hinweise auf Störungen Kontaktprobleme, Gefühlskälte, Einsamkeit, Angst vor Alleinsein

Vishuddha-Chakra, Kehlkopfzentrum

Farbe Hellblau
Mantra HAM
Symbol Kreis
Lage Halswirbelsäule, Kehlkopf
Bedeutung Mentale Energie und Kommunikation
Einflussbereich Schilddrüse, Hals, Kiefer, Luftröhre, Atmung, Stimme, Kehlkopf, Halswirbelsäule
Positive Bewusstseinsaspekte Kommunikationsfähigkeit, harmonisches Ichbewusstsein, Unterscheidungskraft, Umgang mit Sprache und Ton, Individualität
Negative Bewusstseinsaspekte Intoleranz, Ruhmsucht, Realitätsflucht, Überbetonung des Intellekts
Körperliche Hinweise auf Störungen Hals-, Zahn-, Nacken- und Schulterschmerzen, Beschwerden im Bereich der Halswirbelsäule
Seelische Hinweise auf Störungen Schüchternheit, Hemmungen, Verwirrung, Angst vor Isolation

Ajna-Chakra, Stirnzentrum

Farbe Dunkelblau
Mantra KSHAM
Symbol Kreis mit zwei Flügeln
Lage Zwischen den Augenbrauen, in der Mitte der Stirn
Bedeutung Intuition, Weisheit
Einflussbereich Hirnanhangdrüse, Kleinhirn, Gesicht, Augen, Ohren, Nase, Nebenhöhlen, Hormonsystem, Nervensystem
Positive Bewusstseinsaspekte Selbstbewusstsein, Seelenverbundenheit, schöpferische Energie, Intuition, Erfahrung der Ganzheit, geistige Erkenntnisse, Erleuchtung
Negative Bewusstseinsaspekte Selbstsucht, Selbstverherrlichung, Machtstreben, Egoismus
Körperliche Hinweise auf Störungen Kopfschmerzen, Migräne, Gehirnerkrankungen, Augenleiden, Beeinträchtigung der Sinnesorgane
Seelisch-geistige Hinweise auf Störungen Gedankenflucht, Konzentrationsschwäche, Gefühl von Sinnlosigkeit, Ängste

Sahasrara-Chakra, Scheitelzentrum

Farbe Weiß, Violett
Mantra OM
Symbol Lotosblüte
Lage Scheitel
Bedeutung Spiritualität, Erfahrung geistiger Welten
Einflussbereich Mittelhirn, Zirbeldrüse, Augen, ganzer Organismus
Positive Bewusstseinsaspekte Verbundenheit mit dem Universum, geistige Kraft, Spiritualität, Religiosität
Negative Bewusstseinsaspekte Schwarze Magie, Ichauflösung, Weltabgewandtheit, Zurückgezogenheit
Körperliche Hinweise auf Störungen Kopfschmerz, chronische Erkrankungen, Immunschwäche
Seelisch-geistige Hinweise auf Störungen Geistige Erschöpfung, keine Lebensfreude, Depressionen

Tantra-Yoga

Den Einstieg in die Kunst des Tantra bieten die Tantra-Yoga-Übungen. Tantra-Yoga beinhaltet spezielle Lockerungstechniken, Yoga-Stellungen, Atemübungen und Meditationen. Das hier angebotene Tantra-Yoga-Kurzprogramm dient dazu, die sexuelle Energie zu steigern, die Kraft im Becken zu wecken und den eigenen Körper gesund, vital und flexibel zu halten. Doch es geht auch darum, sich spüren zu lernen, Stress abzubauen und Hemmungen oder Ängste aufzulösen, die die Freude am Liebesspiel schnell zerstören können. Wer Tantra-Yoga übt, lernt, sich selbst und seine Sexualität bedingungslos zu akzeptieren.

Was ist Tantra-Yoga?

Yoga und Tantra haben eigentlich das gleiche Ziel: Körper, Geist und Seele zu harmonisieren und zur »Erleuchtung« zu führen.

Im Tantra steht die ekstatische sexuelle Vereinigung zwischen Mann und Frau im Mittelpunkt. Dennoch gibt es einige Techniken, die jeder der Partner allein durchführen sollte, bevor beide gemeinsam Tantra üben. Die folgenden Übungen dienen dazu, Sie körperlich und seelisch auf Tantra vorzubereiten. Diese Übungen helfen Ihnen:

- Ihre sexuelle Energie zu stärken
- Sich selbst besser kennen und lieben zu lernen
- Ihren Körper beweglich und gesund zu erhalten
- Sich zu reinigen, zu harmonisieren und zu sich selbst zu finden
- Ihre Chakras zu aktivieren.

Bevor Sie beginnen, die klassischen Tantra-Liebesstellungen auszuprobieren, sollten Sie mindestens einen Monat lang Erfahrungen mit den folgenden Tantra-Yoga-Übungen gesammelt haben. Falls Sie schon jetzt Lust dazu haben, die Welt des Tantra gemeinsam mit Ihrem Partner zu ergründen, bieten sich Sinnlichkeitsübungen und erotische Massagen an (siehe Seite 60ff.).

Worum geht es beim Tantra-Yoga?

Tantra zielt darauf ab, Spiritualität und Bewusstheit gemeinsam mit dem Partner zu entwickeln. Beim Yoga dagegen geht es darum, die Konzentration ganz auf sich selbst zu lenken. Yoga und Tantra verfolgen dabei letztendlich das gleiche Ziel: die »große Befreiung« oder »Samadhi«. Tantra-Yoga bringt den individuellen und den gemeinschaftlichen Aspekt miteinander in Einklang: Zunächst ist es wichtig, sich seiner selbst bewusster zu werden und seine eigenen Energien kennen zu lernen; erst dann kann man auch seinem Partner intensive Achtsamkeit schenken. Tantra-Yoga-Techniken zielen aber nicht nur auf Bewusstheit und die Aktivierung der sexuellen Energien ab, sondern auch darauf, den männlichen und weiblichen Pol – Shiva und Shakti – im eigenen Bewusstsein zu vereinen.

Üben: Konzentriert, aber entspannt

Tantra und Yoga haben denselben Ursprung. Doch im Yoga liegt die Betonung auf Askese, im Tantra auf Ekstase. Die folgenden Tantra-Yoga-Übungen sollen sowohl den Aspekt der Konzentration als auch den der Lebensfreude und Ekstase zum Ausdruck bringen. Genießen Sie die Yoga-Stellungen und Atemübungen ganz im Sinne des Tantra – konzentriert, aber ohne Stress und Druck: Erzwingen Sie nichts!
Gestalten Sie sich vorher durch Düfte, Farben und Kerzen eine schöne Atmosphäre, und üben Sie mit einem Lächeln auf den Lippen. Nur wenn Sie liebevoll mit sich umgehen, können diese ihre heilenden und aktivierenden Wirkungen entfalten.

Yoga-Übungen, aber auch geeignete Partnermassagen stimmen auf die sexuelle Begegnung ein.

Energie und Harmonie

Um bewusst Tantra zu üben, sollte der Geist frei von Alltagssorgen sein. Auch körperliche Entspannung ist wichtig. Mit geeigneten Yoga-Übungen können Sie sich deshalb optimal vorbereiten.

Das folgende kurze Übungsprogramm dient dazu, Ihre Körperwahrnehmung zu sensibilisieren. Es hilft, Stress abzubauen, Blockaden zu lösen, Ihre Lebensenergie anzuregen und Ihre Gesundheit zu erhalten. Außerdem tragen die Übungen dazu bei, die Wirbelsäule geschmeidig zu halten und die feinstofflichen Bahnen im Körper – im Yoga »Nadis« genannt – zu reinigen, wodurch vielen sexuellen Problemen gut entgegengewirkt werden kann. Führen Sie das Kurzprogramm möglichst einmal täglich durch, und zwar am besten am frühen Morgen oder abends vor dem Zubettgehen.

Tragen Sie dabei leichte, bequeme Kleidung. Wenn es warm genug ist, sollten Sie möglichst nackt üben. Wenn Sie eine rote oder orangefarbene Decke als Übungsfläche verwenden, können Sie die Aktivität der unteren Chakras anregen (siehe auch Seite 18). Sorgen Sie dafür, dass Sie während des Übens ungestört sind, und üben Sie nie mit vollem Magen.

Zu Beginn der Übungsreihe sollten Sie sich ausgiebig dehnen und räkeln. Atmen Sie einige Male tief durch, und schütteln Sie Arme und Beine kräftig aus. So sind Ihr Geist und Ihr Körper richtig auf Tantra-Yoga vorbereitet.

Die Schrägstellung

Legen Sie sich auf den Rücken; die Handflächen liegen neben den Oberschenkeln auf dem Boden. Atmen Sie tief durch, schließen Sie die Beine, und spannen Sie die Bauchmuskeln an. Drücken Sie dann mit den Händen gegen den Boden, während Sie die gestreckten Beine senkrecht nach oben führen und schließlich auch die Hüften abheben, um die Füße schräg über den Kopf zu bringen. In der Endstellung stützen Sie den unteren Rücken mit den Händen ab. Die Füße zeigen leicht nach hinten – Sie sollten sie in der Stellung noch sehen können. Das Kinn wird dabei automatisch gegen die Brust gedrückt.

Atmen Sie tief und entspannt in den Bauch, und bleiben Sie etwa eine Minute lang in der schrägen Stellung. Um die Haltung zu lösen, führen Sie die Hände langsam auf den Boden zurück und rollen Wirbel um Wirbel ab.

Führen Sie die Übung konzentriert und langsam aus.

Yoga-Mudra

Ausgangsstellung ist der Fersensitz. Sie setzen sich dafür so auf die Fersen, dass sich beide Knie und beide großen Zehen berühren. Falls Ihnen diese Haltung schwer fällt, können Sie ein kleines Kissen zwischen das Gesäß und die Füße legen. Halten Sie den Rücken aufrecht, die Arme hängen entspannt nach unten. Schließen Sie die Augen, und atmen Sie einige Male tief durch. Lassen Sie Ihren Oberkörper dann mit einem Ausatmen langsam nach vorn sinken, bis Ihre Stirn den Boden berührt. Dann legen Sie Handrücken und Arme auf dem Boden ab. Atmen Sie in dieser Haltung entspannt, und spüren Sie bewusst den sanften Druck der Atembewegung gegen die Oberschenkel. Bleiben Sie etwa eine Minute lang in der Yoga-Mudra. Richten Sie sich dann ganz langsam auf. Rollen Sie den Rücken dabei von der Lendenwirbelsäule aus langsam nach oben auf.

Die Yoga-Mudra hilft, zu entspannen und zur Ruhe zu kommen.

Die Heuschrecke

Legen Sie sich flach auf den Bauch. Stirn und beide Fußrücken sollten den Boden berühren, die Beine sind geschlossen. Die Arme liegen neben dem Körper. Schließen Sie die Händen zu lockeren Fäusten, die Sie mit der Daumenseite nach unten in Hüfthöhe am Boden ablegen. Atmen Sie einige Male tief durch. Heben Sie mit einer nächsten Einatmung Ihr rechtes Bein möglichst gestreckt nach oben, und drücken Sie mit den Fäusten gleichzeitig leicht gegen den Boden, um die Bewegung des Beines zu unterstützen. Halten Sie einige Sekunden die Spannung, bevor Sie das gestreckte Bein langsam wieder sinken lassen. Führen Sie das Ganze nun auch mit dem linken Bein durch. Wiederholen Sie die Übung mit beiden Beinen im Wechsel je dreimal.

Achten Sie darauf, dass die Hüftknochen während der ganzen Übung den Boden berühren. Strecken Sie das Bein anfangs nicht zu weit nach oben – wenige Zentimeter genügen bereits. Legen Sie zum Abschluss den Kopf zur Seite, und entspannen Sie sich.

Spannen Sie die Muskeln an – und entspannen Sie sie schließlich ebenso bewusst wieder.

Die Kobra

4

Legen Sie sich auf den Bauch, und schließen Sie die Beine. Die Stirn liegt auf dem Boden. Die Handflächen werden unter die Schultern gelegt. Atmen Sie einige Male entspannt durch, und heben Sie dann mit dem Einatmen langsam den Kopf, bis Sie nach vorn schauen. Spannen Sie dann die Bein- und Rückenmuskeln an, und heben Sie auch den Brustkorb ein kleines Stück vom Boden ab. In der Kobrastellung sollten die Schultern sanft nach hinten gezogen werden. Halten Sie die Stellung einige Sekunden lang, und entspannen Sie sich dann, indem Sie Oberkörper und Kopf langsam wieder auf dem Boden ablegen. Wiederholen Sie alles dreimal.

Korrekt ausgeführt stärkt die Kobra den Rücken.

Das Krokodil

5

Legen Sie sich entspannt auf den Rücken. Winkeln Sie Ihre Beine an, und setzen Sie die Fußsohlen auf dem Boden ab. Strecken Sie die Arme seitlich aus, die Handflächen zeigen nach oben. Mit dem Ausatmen drehen Sie nun den Kopf nach links und lassen die geschlossenen Beine nach rechts sinken. Führen Sie diese Drehbewegung nur so weit aus, wie es Ihnen ohne Anstrengung oder Schmerzen möglich ist. Mit der Einatmung werden Kopf und Beine wieder in die Mittelstellung gebracht. Mit der nächsten Ausatmung drehen Sie sich dann zur anderen Seite – den Kopf nach rechts und die Beine nach links. Wiederholen Sie diese fließende Bewegung ganz langsam und entspannt einige Male nach beiden Seiten.

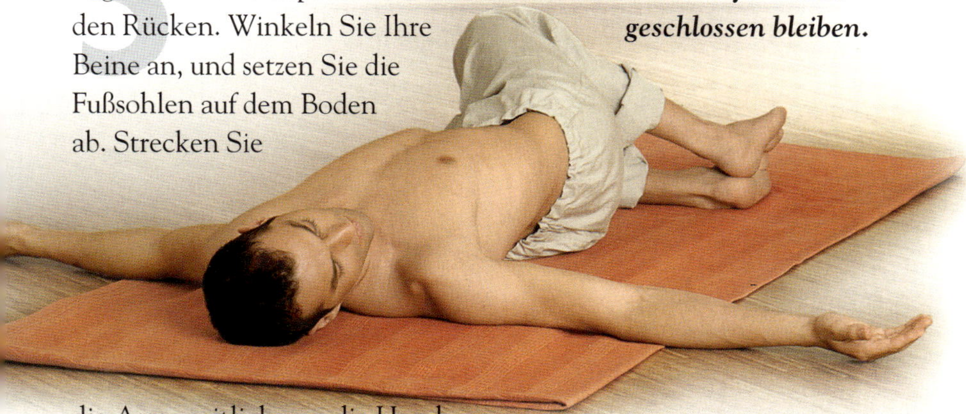

Achten Sie darauf, dass Knie und Füße immer geschlossen bleiben.

Der Baum

6

Sie stehen entspannt mit geschlossenen Beinen und geradem Rücken, die Arme hängen locker herunter. Konzentrieren Sie sich auf Ihre Füße: Stellen Sie sich vor, fest in der Erde verwurzelt zu sein. Verlagern Sie Ihr Gewicht auf das rechte Bein. Heben Sie den linken Fuß, und setzen Sie ihn am rechten Oberschenkel kurz oberhalb des Knies ab. Sobald Sie stabil stehen, bilden Sie mit Daumen und Zeigefingern einen Ring. Strecken Sie die Arme leicht seitlich vom Körper weg, und bleiben Sie etwa eine Minute so stehen. Setzen Sie den Fuß dann langsam ab, und wiederholen Sie das Ganze zur anderen Seite.

Am besten stehen Sie, wenn Sie einen Punkt fixieren, der etwa zwei Meter entfernt ist.

Yoga-Entspannung

7

Schließen Sie die Übungsreihe jedes Mal damit ab, dass Sie sich bewusst entspannen: Spüren Sie abschließend noch einmal in Ihren Körper hinein. Fühlen Sie das Gewicht, die Schwere und Wärme Ihres Körpers. Lassen Sie sich vertrauensvoll vom Boden tragen. Falls Ihnen noch Anspannungen bewusst werden, so stellen Sie sich einfach vor, wie diese mit jedem Ausatmen in die Erde abfließen. Genießen Sie die entspannte Schwere Ihres Körpers, und lassen Sie allmählich auch Ihre Gedanken zur Ruhe kommen.
Bevor Sie die Entspannung beenden, sollten Sie sich gründlich dehnen und einige Male tief durchatmen.

Die Yoga-Entspannung dauert nur wenige Minuten und eignet sich hervorragend, um Stress und Verspannungen abzubauen, die sich nicht zuletzt auch negativ auf Ihre sexuelle Energie auswirken. Vor allem wenn Sie unter sexuellen Blockaden, Hemmungen oder Ängsten leiden, sollten Sie die Entspannung regelmäßig durchführen.

Ganz entspannt im Hier und Jetzt – regelmäßiges Yoga hilft dabei.

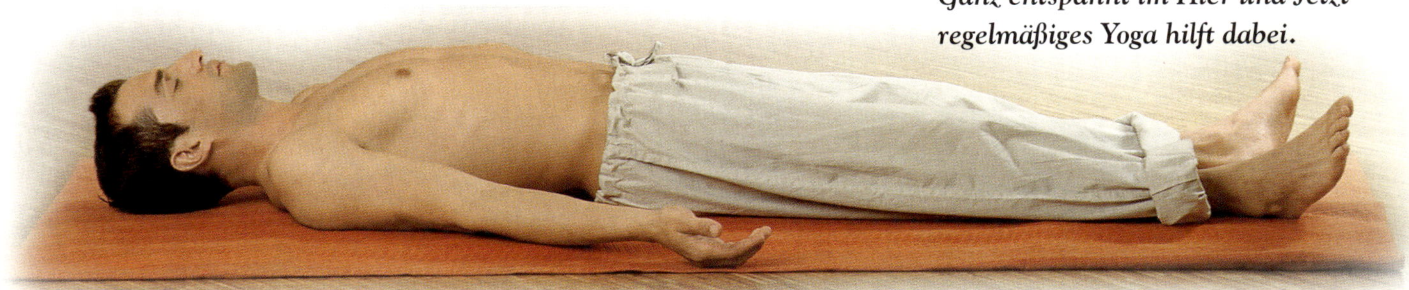

7a

Legen Sie sich für die abschließende Entspannung auf den Rücken, und schließen Sie die Augen. Spreizen Sie die Beine ein wenig, und lassen Sie die Füße locker nach außen auseinander fallen. Die Arme liegen mit den Handflächen nach oben entspannt neben dem Körper. »Horchen« Sie in Ihren Körper hinein: Wie fühlen Sie sich in Ihrem Körper? Heben Sie nun zunächst das rechte Bein wenige Zentimeter vom Boden ab. Spannen Sie Fuß, Wade und Oberschenkel vier Sekunden lang fest an, und lassen Sie das Bein dann weich fallen. Wiederholen Sie dies insgesamt dreimal, und spüren Sie, wie Ihr Bein sich von Mal zu Mal tiefer entspannt. Führen Sie das Ganze dann auch dreimal mit dem linken Bein durch.

7b

Spannen Sie nun Ihr Gesäß an. Halten Sie die Spannung in den Pomuskeln, solange es Ihnen angenehm ist und Ihnen ein wohliges Körpergefühl vermittelt, und entspannen Sie die Muskeln dann gründlich. Wiederholen Sie den Wechsel zwischen An- und Entspannung dreimal.

Spannen Sie nacheinander verschiedene Muskeln bewusst an.

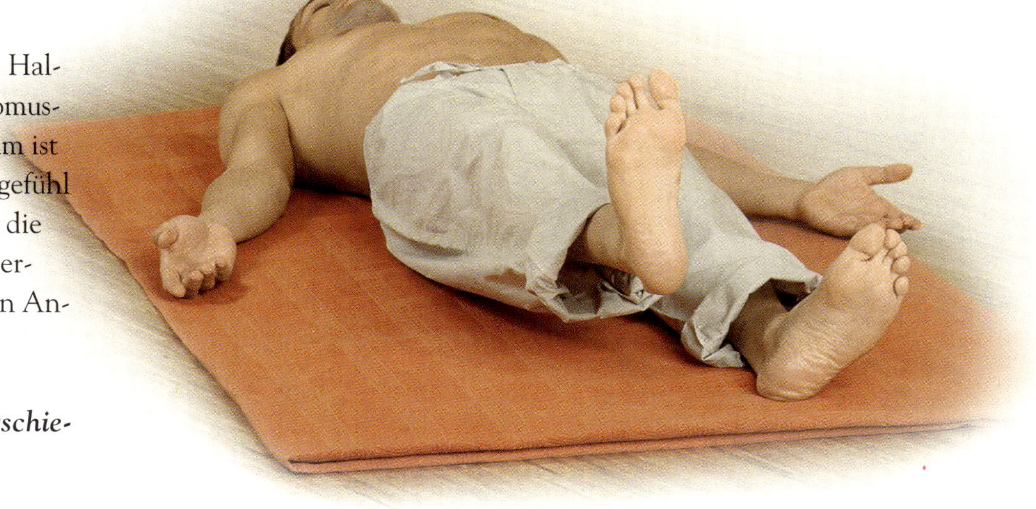

Auch die Armmuskeln werden gezielt angespannt. In der Entspannung werden sie sich dann wohlig warm anfühlen.

7c

Heben Sie jetzt den rechten Arm einige Zentimeter vom Boden ab. Bilden Sie eine Faust, und spannen Sie Hand, Unter- und Oberarm kräftig an. Zählen Sie jetzt langsam von zehn bis eins, und entspannen Sie sich bei jeder absteigenden Zahl tiefer und tiefer. Vergessen Sie in dieser Entspannung nicht die Atmung. Um die Anspannung wieder zu lösen, verstärken Sie bewusst die Einatmung. Sie können dabei auch von eins bis zehn zählen. Öffnen Sie die Faust, lassen Sie den Arm locker fallen, und entspannen Sie alle Hand- und Armmuskeln. Wiederholen Sie dies dreimal, und führen Sie dasselbe mit dem anderen Arm aus.

7d

Spannen Sie die Bauch- und Rückenmuskeln an, indem Sie den unteren Rücken in den Boden drücken und die Bauchmuskeln mit dem Ausatmen bewusst zusammenziehen. Halten Sie die Spannung etwa vier Sekunden, und entspannen Sie dann Bauch und Rücken wieder. Wiederholen Sie dies dreimal.

Ziehen Sie nun Ihre Schultern kräftig in Richtung Ohren nach oben. Halten Sie die Spannung, und lassen Sie die Schultern dann behutsam wieder zurücksinken. Spüren Sie dann die Entspannung in den Schultern und im oberen Rücken, und wiederholen Sie An- und Entspannung insgesamt dreimal. Blockaden im Bereich der Halswirbelsäule und Verspannungen in den Schultern können mit dieser Übung gut gelöst werden.

Zuletzt heben Sie den Kopf etwas vom Boden ab und ziehen alle Gesichtsmuskeln gleichzeitig fest zusammen, so dass Sie ein »runzeliges Gesicht« machen. Entspannen Sie die Gesichtsmuskeln nach ungefähr vier Sekunden, und lassen Sie gleichzeitig auch den Kopf wieder sanft zu Boden sinken. Führen Sie auch das dreimal durch.

Nach der Entspannung fühlen Sie sich bestimmt erholt und erfrischt.

So steigern Sie Ihre sexuelle Energie

Mit Tantra-Yoga können Sie nicht nur den Körper insgesamt positiv beeinflussen, sondern auch ganz gezielt die Chakras aktivieren, die für die Sexualität eine besondere Rolle spielen.

Mit den folgenden Tantra-Yoga-Techniken können Sie Ihre sexuellen Kräfte auf einfache Weise anregen. Die Übungen kräftigen die Beckenbodenmuskulatur, erhöhen die Flexibilität in Beinen und Becken, verbessern die Durchblutung der Unterleibsorgane und bereiten Sie auf die rituelle Vereinigung vor. Während die soeben beschriebenen »Sieben Übungen für Energie und Harmonie« alle Chakras sanft aktivieren und das Körperbewusstsein insgesamt erhöhen, dienen die folgenden Techniken dazu, den Energiefluss im Basis- und Sakralzentrum (Muladhara- und Svadhisthana-Chakra) zu stärken. Sind die beiden unteren Chakras aktiv, können sich Ihre vitalen Kräfte optimal entfalten: Die Geschlechtsorgane werden mit Energie versorgt, Potenz und Fruchtbarkeit werden gesteigert, und die Intensität des Orgasmus wird erhöht. Da die folgenden Übungen die vitalen Kräfte im Bauch- und Becken-

Tipps: So aktivieren Sie die unteren Chakras

Um Ihre sexuellen Kräfte optimal zu entwickeln, sollten Sie regelmäßig Tantra-Yoga-Übungen durchführen. Sie können dann immer leichter eine Verbindung zwischen Becken und Kopf herstellen, was es Ihnen möglich macht, die sexuelle Energie besser zu spüren. Allerdings können Sie die Effektivität des Übens noch wesentlich erhöhen, wenn Sie die folgenden Empfehlungen beachten.

- Sorgen Sie für ausreichend Bewegung: Werden Sie aktiv, treiben Sie mäßig, aber regelmäßig Sport. Wenn Ihnen dafür die Lust fehlt, machen Sie wenigstens täglich einen ausgedehnten Spaziergang.
- Nehmen Sie sich immer wieder Zeit, in die Natur zu gehen. Pflegen Sie Ihre Verbindung zur Erde. Gehen Sie möglichst oft barfuß, genießen Sie Luft- und Sonnenbäder, letztere natürlich in Maßen und mit entsprechendem Sonnenschutz.
- Freunden Sie sich mit Ihrem Körper an: Massieren Sie sich selbst, oder lassen Sie sich massieren, tanzen Sie, trommeln Sie, oder genießen Sie Ihren Körper bei Zärtlichkeit und Erotik in der Partnerschaft.
- Tragen Sie bequeme, atmungsaktive Kleidung aus Naturfasern, in der Sie sich wohl fühlen. Rot- und Orangetöne aktivieren die unteren Chakras (siehe Seite 18). Tragen Sie entsprechende Kleidung, und dekorieren Sie Ihr Schlafzimmer mit Stoffen, Blumen oder Teppichen in diesen Farben.
- Verbinden Sie sich mit dem Wasserelement, um Ihr Sakral-Chakra anzuregen. Planen Sie Aufenthalte am Meer oder an Seen, gehen Sie regelmäßig schwimmen, genießen Sie Dampfbäder, oder gönnen Sie sich zu Hause heiße Bäder mit Aromaölen.
- Einige ätherische Öle regen die Aktivität der unteren Chakras an. Dazu gehören beispielsweise Nelke, Zypresse, Rosmarin, Sandelholz, Bitterorange oder Pfeffer. Verwenden Sie nur hochwertige ätherische Öle. Lassen Sie drei bis vier Tropfen einer Essenz in der Duftlampe verdampfen, oder geben Sie wenige Tropfen mit Milch vermischt ins Badewasser.
- Auch einige Edelsteine tragen auf subtile Weise dazu bei, die Energie in

Aromaöle wie Sandelholz oder Nelke aktivieren die unteren Chakras.

raum unterstützen, verstärken sie indirekt auch den Kontakt zur Erde und das Urvertrauen.

Tantra-Yoga-Übungen

Wichtiger Hinweis: Die folgenden Tantra-Yoga-Übungen bestehen aus verschiedenen Körperstellungen, Atemtechniken und Bewusstseinsübungen. Auch wenn sie auf den ersten Blick vielleicht nicht besonders spektakulär erscheinen werden, sind diese speziellen Techniken doch überaus wirkungsvoll. Wenn Sie konzentriert üben, werden Sie das schon nach kurzer Zeit am eigenen Leib zu spüren bekommen. Die Übungen stärken die Energien im Bauch- und Beckenraum und bilden so ein gutes Gegengewicht zur »Kopflastigkeit« unserer Zeit. Müdigkeit und Erschöpfung verschwinden, das Körperbewusstsein verbessert sich, und neue Kräfte werden aktiviert. Doch Vorsicht: Werden Energien, die viele Jahre weitgehend ungenutzt blieben, allzu schnell geweckt, kann dies auch negative Folgen haben. Beispielsweise können unerwünschte Nebenwirkungen wie Hitzewallungen, Schlafstörungen oder Nervosität auftreten. Wer also falsch übt oder unvorbereitet mit den Tantra-Yoga-Techniken beginnt, kann dies auf unangenehme Weise zu spüren bekommen. Nicht umsonst wurden Praktiken, die dazu dienen, verborgene Körperenergien und insbesondere die Kundalini-Kraft zu wecken, über Hunderte von Jahren geheim gehalten!

Verborgene Energien wecken

Traditionell wurden Tantra-Yoga-Übungen von den Meistern immer erst dann an ihre Schüler weitergegeben, wenn diese sich durch Yoga-Übungen und eine bewusste Lebensweise darauf vorbereitet hatten. Auch Sie sollten daher zunächst den Boden bereiten, damit die geweckten Energien keine unerwünschten Blüten treiben. Bevor Sie die Übungen zur Aktivierung der Kundalini und der sexuellen Energie durchführen, sollten Sie unbedingt einige Erfahrungen mit den »Sieben Übungen für Energie und Harmonie« (siehe Seite 23ff.) sammeln. Auf diese Weise stärken und reinigen Sie zunächst Ihren gesamten Organismus und können sichergehen, dass Sie gut auf die Erweckung der vitalen Energien vorbereitet sind.

- Führen Sie die folgenden Techniken nur einmal täglich aus.
- Bleiben Sie beim Üben gelassen, und spüren Sie nach innen.
- Für ein kurzes Programm genügt es anfangs, einige wenige Übungen auszuwählen. Konzentrieren Sie sich dabei zunächst auf die Übungen, die die Muskulatur des Beckens lockern.
- Gehen Sie bei den Übungen immer in der vorgegebenen Reihenfolge vor.
- Beenden Sie Ihr persönliches Programm immer mit der kleinen Meditation, die Sie unter dem Abschnitt »Ausklang« finden.

den unteren Chakras zu stärken und zu kräftigen. Tragen Sie die Steine in Form von Ketten direkt auf der Haut, verwenden Sie sie als Handschmeichler, oder legen Sie sie als Dekoration in die Nähe Ihres »Liebeslagers«. Um das Muladhara-Chakra anzuregen, eignen sich Rubin, rote Koralle, Spinell, Sarder, roter Jaspis, Granat oder Katzenauge. Um das Svadhisthana-Chakra zu stärken, wählen Sie am besten Tigerauge, Goldtopas, Jade, Hyazinth, Feueropal oder Aventurin-Sonnenstein.

- Ernähren Sie sich bewusst. Das heißt nicht, dass Sie zum Asketen werden sollten, denn Tantra lehnt Freudlosigkeit ab. Genießen Sie ruhig ab und zu ein Glas Rotwein oder ein Stück Schokolade, doch übertreiben Sie nicht, denn Genießen hat nichts mit Konsumieren zu tun. Essen Sie insgesamt nicht zu viel, und ernähren Sie sich hauptsächlich von frischem Obst, Gemüse, Salaten, Milch- und Vollkornprodukten.

Einstimmung

1

Setzen Sie sich in Fersensitz, Schneidersitz oder im halben Lotossitz (siehe Kasten rechts) auf den Boden. Halten Sie den Rücken aufrecht, entspannen Sie jedoch zugleich Schulter-, Nacken- und Gesichtsmuskulatur. Legen Sie Ihre Handrücken entspannt auf die Knie. Nehmen Sie folgende Fingerhaltung ein, die die Konzentration erhöht: Bilden Sie mit Daumen und Zeigefinger beider Hände jeweils einen kleinen Kreis, und strecken Sie die anderen Finger locker aus.
Schließen Sie die Augen, und vertiefen Sie die Atmung noch etwas: Atmen Sie tief durch die Nase ein; mit dem Ausatmen sprechen Sie siebenmal leise das Mantra »Lam« (gesprochen »Lang«) – auf diese Weise wird das Muladhara-Chakra aktiviert. Atmen Sie dann wieder durch die Nase ein, und lassen Sie dann wieder siebenmal hintereinander die Silbe »Lam« erklingen. Wiederholen Sie das Ganze insgesamt dreimal, wobei Sie sich auf das Steißbein und den Damm, also die Stelle zwischen After und äußeren Geschlechtsorganen, konzentrieren. Atmen Sie wieder tief durch die Nase ein, und lassen Sie diesmal das Mantra »Vam« (gesprochen »Wang«) mit dem Ausatmen erklingen, um das Svadhisthana-Chakra zu aktivieren. Sprechen Sie die Silbe leise und gleichmäßig siebenmal hintereinander aus, und wiederholen Sie dies wieder insgesamt dreimal; konzentrieren Sie sich dabei auf den Bereich oberhalb des Schambeins, etwa eine Handbreit unterhalb des Nabels.

Der halbe Lotossitz

Für Meditations- und Atemübungen ist es wichtig, stabil und aufrecht auf dem Boden zu sitzen. Der Schneidersitz ist besonders einfach. Er gelingt noch leichter, wenn Sie ein kleines festes Kissen unter das Gesäß legen. Für den halben Lotossitz winkeln Sie das rechte Bein an, und ziehen Sie den rechten Fuß möglichst nah an den Körper heran. Winkeln Sie dann das linke Bein an, und legen Sie den linken Fußrücken auf den rechten Oberschenkel. Falls diese Haltung anfangs unbequem für Sie ist, haben Sie ein wenig Geduld: Durch einfühlsames Üben können Sie diese Sitzhaltung schnell erlernen.

Lockerung des Beckens

Schmetterlingsflügel

2a

Setzen Sie sich auf den Boden. Winkeln Sie die Beine an, legen Sie die Fußsohlen aneinander, und umfassen Sie sie mit den Händen. Bringen Sie die Fersen möglichst nahe an den Körper. Bewegen Sie die Knie abwechselnd nach oben und unten, so als würden Sie mit Schmetterlingsflügeln schlagen. Führen Sie die Bewegungen sehr sanft aus, üben Sie keinesfalls mit Anstrengung oder Überwindung. Lockern Sie die Beine zwischendurch, indem Sie sie strecken und ausschütteln. Wiederholen Sie die Übung dann noch ein- bis zweimal. Diese Übung dehnt die Muskeln des Beckens, der Leistenbeuge und der Beine.

Bei dieser Übung bewegen sich Ihre Beine sanft wie Schmetterlingsflügel auf und ab.

Beckenkreisen

Stehen Sie aufrecht – die Füße sind etwa schulterbreit auseinander, und die Zehen zeigen nach vorn. Stemmen Sie die Hände in die Hüften, und beginnen Sie, mit dem Becken zu kreisen. Führen Sie die Bewegungen sehr langsam aus, und beschreiben Sie erst kleine, dann immer größere Kreise. Konzentrieren Sie sich dabei auf Ihr Becken und Ihre Geschlechtsorgane. Achten Sie darauf, dass Sie wirklich nur mit dem Becken kreisen – der Kopf bleibt dabei in der Mittelstellung. Führen Sie das Kreisen sowohl im als auch gegen den Uhrzeigersinn aus, und stellen Sie sich schließlich wieder aufrecht hin, um die Übung zu beenden.

Die Bewegung soll aus der Körpermitte kommen – Kopf und Oberkörper bleiben möglichst unbewegt.

Tiefe Hocke

Stellen Sie die Füße schulterbreit auseinander, die Zehen zeigen etwas nach außen. Gehen Sie langsam so weit sie können in die Hocke. Es genügt anfangs vollkommen, wenn sich Ihr Gesäß dabei auf Kniehöhe befindet. Halten Sie den Rücken möglichst gerade, und strecken Sie den Nacken, der Blick geht dabei nach unten. Legen Sie die Oberarme entspannt auf den Knien ab. In dieser Position sollten die Fußsohlen mit der ganzen Fläche in Bodenkontakt sein. Atmen Sie nun siebenmal tief ein und aus, wobei Sie den Schließmuskel und die Beckenbodenmuskulatur bei jedem Einatmen leicht nach oben ziehen und sie bei jedem Ausatmen wieder entspannen sollten. Kommen Sie dann wieder langsam zum Stehen.

Diese Übung stärkt auch den Gleichgewichtssinn.

Atemübungen

Durch die folgenden Atemtechniken können Sie sich mit Prana, mit Lebensenergie aufladen (siehe Kasten rechte Seite). Bewusstes Atmen hilft Ihnen, eine Verbindung zu Ihren körperlichen Empfindungen herzustellen und sie zu verstärken.

Sie richten Ihre Aufmerksamkeit auf die Lebensenergie, die Ihren ganzen Körper durchströmt. Das ist wichtig, weil das Wecken Ihres »inneren Geliebten« darauf beruht, dass Sie sich und Ihre Empfindungen von innen erleben können. Die folgenden Übungen werden im Tantra als »Pranayama« (Atem- und Energielenkung) bezeichnet. Sie sind besonders wichtig, um die Kundalini-Energie zu erwecken. Üben Sie Atemtechniken immer vorsichtig und einfühlsam, und hören Sie auf Ihr Körpergefühl – weniger ist nämlich dabei oft mehr!

Yoga-Vollatmung

Langsame, tiefe Atemzüge werden im Tantra sowohl eingesetzt, um viel Prana aufzunehmen, als auch, um den Orgasmus hinauszuzögern und so die sexuelle Lust zu erhöhen. Die Yoga-Vollatmung verbindet Bauch-, Flanken- und Brustkorbatmung. Führen Sie die Übung im Schneidersitz oder im halben Lotossitz (siehe Kasten Seite 30) aus.

Bei der Yoga-Vollatmung sollten Sie grundsätzlich durch die Nase atmen und Ihren Atem in einen gleichmäßigen Rhythmus bringen. Nehmen Sie anfangs die Hände zu Hilfe, um sich die verschiedenen Atemräume bewusst zu machen. Legen Sie eine Hand auf den Bauch, die andere auf die Brust, atmen Sie dann tief aus. Beim Einatmen sollten Sie nun zuerst in den Bauch atmen, bis er sich spürbar nach außen wölbt. Ziehen Sie den Atem dann seitlich in die Flanken, so dass sich die Rippen dehnen, und zuletzt nach oben in die Brust, die sich dabei leicht heben sollte. Bei dieser ruhigen und tiefen Einatmung sollte eine wellenförmige Bewegung von unten nach oben entstehen. Wenn Sie die Einatmung beendet haben, gehen Sie gleich zur Ausatmung über. Atmen Sie möglichst tief aus, damit sich die Lungen gründlich leeren.

Atmen Sie anfangs acht Sekunden ein und acht Sekunden aus. (Später können Sie bis zu 16 Sekunden ein- und ausatmen.)

Wiederholen Sie diese Atemtechnik mindestens fünfmal.

Konzentrieren Sie sich darauf, wie der Atem durch Ihren Körper fließt.

3b Shiva und Shakti in Harmonie bringen

Bei dieser auch als »Wechselatmung« bezeichneten Atemtechnik sollen Shiva und Shakti in Einklang gebracht werden. Die Übung gleicht den Energiestrom in den wichtigsten Feinstoffkanälen aus, löst Blockaden und harmonisiert beide Gehirnhälften. Sind männliche und weibliche Energien im Gleichgewicht, führt das zu einem Zustand kraftvoller Ruhe. Winkeln Sie im Sitzen Zeige- und Mittelfinger der rechten Hand nach innen ab. Atmen Sie tief durch die Nase ein. Verschließen Sie das rechte Nasenloch sanft mit dem Daumen, und atmen Sie durch das linke acht Sekunden lang aus, dann ebenso lang ein. Lösen Sie den Daumen, und verschließen Sie zugleich das linke Nasenloch mit den Fingerkuppen von Ring- und kleinem Finger. Atmen Sie nun durch das rechte Nasenloch acht Sekunden aus, dann acht Sekunden ein. Wiederholen Sie das – links aus, links ein, rechts aus, rechts ein – mehrmals. Atmen Sie möglichst leise und gleichmäßig.

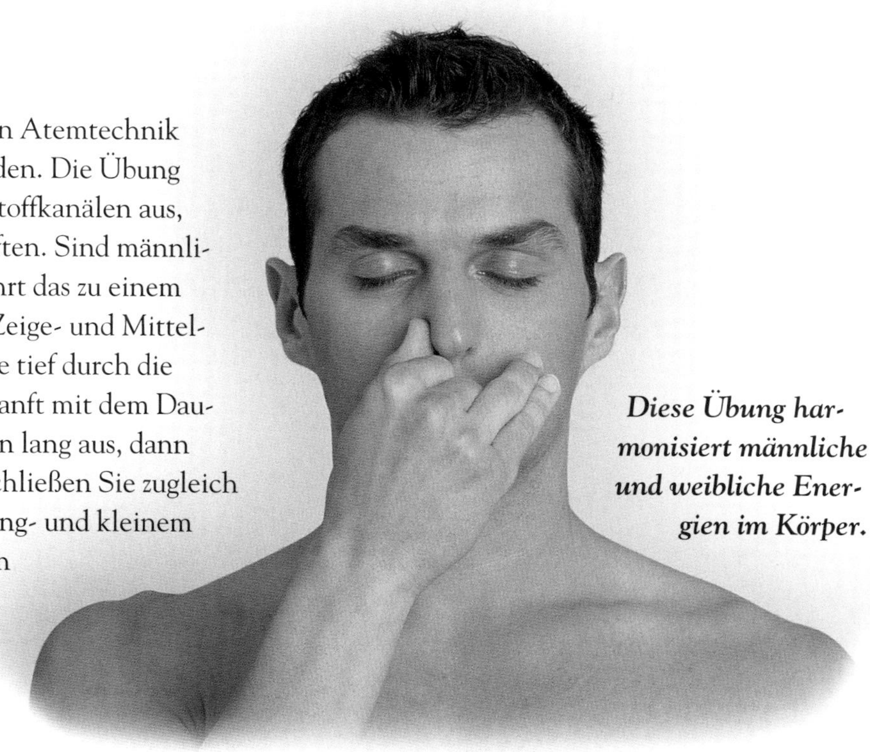

Diese Übung harmonisiert männliche und weibliche Energien im Körper.

Prana, die kosmische Lebensenergie

Nur wenn Sie zu einem Meister Ihrer Lebensenergie werden, können Sie die ganze spirituelle Dimension des Tantra erfahren. Ein »Tantrika« versteht es, mit seiner Energie hauszuhalten und diese in den Chakras zu speichern. Der Begriff »Prana« bezeichnet die »Urkraft aller Naturerscheinungen« oder die »kosmische Lebensenergie«. Prana belebt Körper, Seele und Geist. Zwar ist jeder Mensch ständig von Prana umgeben, doch nur wenige verstehen es, diese Energieform wirklich gezielt zu nutzen.

Auch wenn die Auswirkungen von Prana in der Natur als Licht, Wärme, Magnetismus oder Elektrizität zu beobachten sind, ist Prana für Ungeübte an sich nicht ohne weiteres erfahrbar. Unser Organismus lädt sich zwar durch Schlaf, Licht, Wärme, Nahrung und die Atmung ganz natürlich mit Prana auf, doch im Tantra ist es wichtig, diese Lebensenergie zusätzlich bewusst anzuregen. Außer Meditations- und Visualisierungsübungen können vor allem besondere Atemübungen wie die Wechselatmung oder die Yoga-Vollatmung dazu beitragen, Prana als konkrete Energie spür- und erlebbar zu machen. Die Techniken, die Ihnen helfen, Prana zu speichern, werden im Yoga als »Pranayama« bezeichnet. Wer über ein hohes Maß an Prana verfügt, ist seelisch ausgeglichen, körperlich gesund und voller Energie.

Die besten Möglichkeiten, Prana zu speichern, bestehen darin:

- Atem- und Tantra-Yoga-Übungen durchzuführen
- Ausreichend zu schlafen
- Sich mäßig, aber regelmäßig zu bewegen
- Zu meditieren
- Seine Konzentration zu trainieren
- Sich auf allen Ebenen der Persönlichkeit weiterzuentwickeln
- Häufige Samenergüsse zu vermeiden
- Sein Leben bewusst zu genießen

Prana wird hauptsächlich verschwendet durch:

- Ein Übermaß an Alkohol und Nikotin
- Ungesunde, fettreiche und vitaminarme Ernährung
- Leistungsdenken, Leistungssport, übertriebenen Ehrgeiz, Hektik, Sorgen und andere Stressfaktoren
- Drogenmissbrauch
- Konsum von Massenmedien, Pornographie, Sucht nach Luxusgütern und anderen Ersatzbefriedigungen
- Leben gegen den Rhythmus der Natur und Schlafmangel
- Zerstreuung, Orientierungs-, Ziel- und Sinnlosigkeit

Die Kundalini erwecken

In jedem Menschen verbirgt sich ein ungeheures Entwicklungspotenzial. Im Tantra wird es durch die Kundalini, die zusammengerollte, schlafende Schlange am unteren Ende der Wirbelsäule, symbolisiert. Viele der hier vorgestellten Einzel- und Partnerübungen zielen darauf ab, die Kundalini-Kraft zu aktivieren, um die Sexualität zu transformieren. Die folgenden Techniken wirken hier besonders effektiv.

Die Kundalini wärmen

Stehen Sie mit gegrätschten Beinen aufrecht und stabil. Legen Sie die linke Handfläche auf den Bauch, etwa drei Fingerbreit unterhalb des Nabels; die rechte Handfläche legen Sie einfach auf den linken Handrücken. Beide Hände ruhen auf dem Bauch – wichtig ist dabei der Hautkontakt: Entblößen Sie den Bauch deshalb unbedingt, bevor Sie die Übung ausführen.
Spüren Sie, wie der Atem kommt und geht und sich Ihr Bauch dabei sanft wölbt und wieder entspannt. Schließen Sie die Augen, spüren Sie die Verbindung zum tragenden Boden, und lenken Sie Ihre ganze Aufmerksamkeit in Ihren Bauchbereich. Beginnen Sie nun, sanft mit den Händen zu kreisen. Beschreiben Sie mit den Händen Kreise auf dem Bauch – zuerst langsame, große, dann lassen Sie Ihre Bewegungen allmählich immer schneller und kleiner werden. Wärmen Sie Ihren Unterbauch durch diese sanfte Kreismassage gründlich auf. Führen Sie das Kreisen nicht nur im, sondern auch gegen den Uhrzeigersinn aus, und lassen Sie die Hände am Schluss noch kurz auf dem Bauch liegen.

Nehmen Sie für diese Übung eine feste, sichere Haltung ein.

Die Kundalini aufsteigen lassen

Nehmen Sie den Schneidersitz oder den halben Lotossitz (siehe Kasten Seite 30) ein. Schließen Sie die Augen, entspannen Sie sich, und lassen Sie den Atem frei strömen. Konzentrieren Sie sich auf das Hier und Jetzt, und bringen Sie Ihre Gedanken allmählich zur Ruhe.
Atmen Sie nun tief aus. Atmen Sie dann acht Sekunden lang gleichmäßig durch die Nase ein. Sobald die Einatmung beendet ist, pressen Sie das Kinn an die Brust, spannen die Bauchmuskeln ein wenig an, indem Sie den Bauch leicht nach oben und innen heben. Gleichzeitig ziehen Sie den Analschließmuskel kräftig zusammen. (Diese drei Verschlüsse mit Kinn, Bauch und Schließmuskel werden im Yoga als »Bandhas« bezeichnet. Die »Bandhas« dienen dazu, Prana zu speichern und die Energie zu wecken.)
Halten Sie nun acht Sekunden lang den Atem an (»Kumbhaka«), während Sie gleichzeitig den Kinnverschluss (»Jalandhara Bandha«), den Bauchverschluss (»Uddiyana Bandha») und den Schließmuskelverschluss (»Mula Bandha«) aufrechterhalten. Stellen Sie sich während dieser acht Sekunden vor, wie ein heller, wärmender Lichtstrahl vom untersten Chakra in Höhe des Beckenbodens aus an der Wirbelsäule entlang bis zum Bauchnabel aufsteigt.

Lösen Sie dann Kinn-, Bauch- und Schließmuskelverschluss, und atmen Sie langsam durch die Nase aus. Atmen Sie zwei- bis dreimal entspannt, bevor Sie die Technik wiederholen. Führen Sie während der ersten Übungswochen täglich drei, später bis zu zehn Runden aus. Lenken Sie die harmonisierende Energie aus dem Muladhara-Chakra zunächst nur bis zum Nabel, später aber auch bis zum Herz-Chakra in der Brustmitte hinauf.

Die eben dargestellte Kundalini-Übung besteht also aus vier Phasen:

- Atmen Sie acht Sekunden lang ein.
- Halten Sie den Atem acht Sekunden lang an, führen Sie dabei die drei Verschlüsse aus, und stellen Sie sich den aufsteigenden Lichtstrahl vor.
- Lösen Sie die drei Verschlüsse, und atmen Sie langsam aus.
- Führen Sie zwei bis drei entspannte Zwischenatmungen aus, bevor Sie die Runde wiederholen.

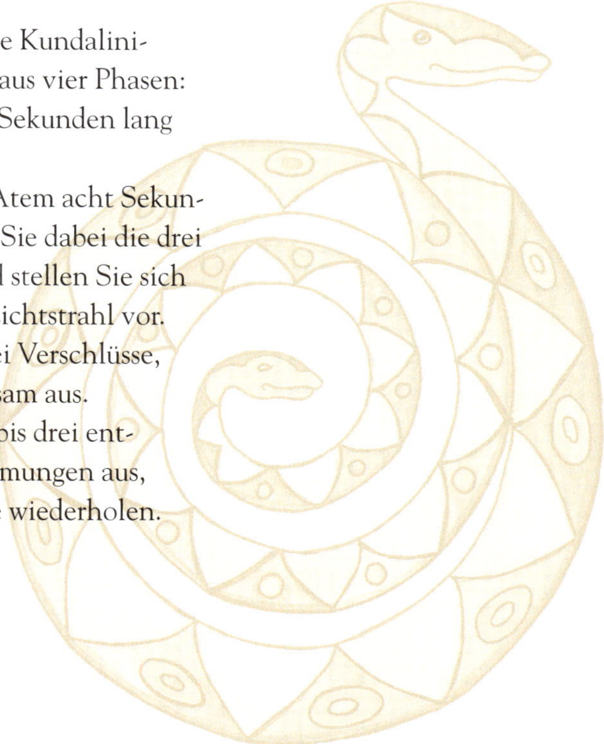

Ausklang

Die folgende Entspannungsübung können Sie auch unabhängig von Ihrer Übungsreihe durchführen, um Ihre sexuellen Kräfte zu harmonisieren und die Geschlechtsorgane mit heilender Energie zu versorgen. Legen Sie sich auf den Rücken, schließen Sie die Augen, und entspannen Sie alle Muskeln Ihres Körpers. Legen Sie eine Hand unterhalb des Nabels auf die Bauchmitte, die andere darunter auf den Schamhügel beziehungsweise knapp oberhalb des Penis. Spüren Sie, wie Ihr Atem kommt und geht.

Nehmen Sie mit dem Einatmen bewusst Prana auf, und lassen Sie die Energie bei jedem Ausatmen in Ihre unteren Chakras strömen. Stellen Sie sich diese kosmische Energie als rötlichen, hellen Lichtstrahl vor, der von den Händen aus in den Unterleib strömt. Lassen Sie vor Ihrem inneren Auge dann allmählich eine kleine heilende Energiekugel aus hellrotem Licht entstehen, die immer größer wird und schließlich Ihren ganzen Unterleib und die Geschlechtsorgane mit wohltuender Wärme erfüllt. Bleiben Sie mindestens sieben Atemzüge lang bei dieser Visualisierung. Legen Sie die Hände anschließend wieder langsam auf den Boden, und bleiben Sie noch ein wenig liegen, um der Wirkung dieser Übung nachzuspüren.

Stellen Sie sich die Energie bildlich vor – als ein wohlig wärmendes, heilendes Licht.

Lieben Sie sich selbst

Eine entspannte, liebevolle Einstellung zu sich selbst zu entwickeln ist ein sehr wichtiger Schritt auf dem Tantra-Weg. Denn die Beziehung zu einem Partner kann nur gelingen, wenn die Beziehung zu sich selbst in Ordnung ist.

Für Tantra benötigen Sie eine entspannte Einstellung – auch zu sich selbst. Denn Tantra hat nichts mit Leistung zu tun. Es geht nicht darum, einem Schönheitsideal zu entsprechen oder über akrobatische Fähigkeiten im Bett zu verfügen. Sie müssen weder mit besonderer Potenz oder Penislänge gesegnet noch jung und schön sein, um Tantra zu praktizieren. Ganz im Gegenteil: Die Tantra-Meister und Meisterinnen im alten Indien waren nur sehr selten junge Frauen und Männer. Um sich und seinen Partner auf einer spirituellen Ebene annehmen und in der Zweisamkeit höchste Lustgefühle erzeugen zu können, sind Erfahrung und persönliche Reife viel wichtiger als Äußerlichkeiten. Wenn Sie sich auf den Weg machen, Ihren »inneren Gott« oder Ihre »innere Göttin« zu entdecken und die Geheimnisse des Tantra zu ergründen, sollten Sie sich ganz auf sich selbst verlassen.

Spiele mit der Lust

Die folgenden Spiele und Übungen helfen Ihnen dabei, ja zu Ihrem Körper und Ihrer Sexualität zu sagen. Sie dienen dazu, sich selbst zu erforschen, die eigenen erotischen Seiten zu erspüren und Sensibilität, Offenheit und Lebendigkeit zu entwickeln. Öffnen Sie sich für Ihre vitalen Energien, werfen Sie hemmende Tabus und Ängste über Bord. Die folgenden Methoden sind teilweise recht intim. Suchen Sie sich daher einen ungestörten Platz, damit Sie die Zeit, die Sie ganz für sich brauchen, auch wirklich genießen können.

Bevor man einen anderen lieben kann, muss man sich selbst mögen.

Nackt tanzen

Lassen Sie Ihre Energien frei fließen. Befreien Sie sich von Hemmungen: In seinem natürlichen Zustand ist der Mensch nackt! Dennoch führen die Einflüsse der modernen Zivilisation dazu, dass wir Nacktheit als »unnatürlich« empfinden. Schamgefühle, Angst vor dem eigenen (nackten) Körper, vor der eigenen Sexualität oder der des Partners sind Hindernisse auf dem Weg zu Ekstase und spirituellem Sex.

Sich befreien Überwinden Sie diese Hindernisse, und nutzen Sie jede Gelegenheit, um sich von einengender Bekleidung zu befreien. Gehen Sie im Sommer oft barfuß, um die Energien der Erde aufzunehmen. Es gibt noch eine andere gute Möglichkeit, Erfahrungen mit dem Nacktsein zu sammeln: Tanzen Sie nackt. Wählen Sie dazu eine Musik, die Sie anspricht, beispielsweise rhythmische Trommelmusik oder auch langsame, meditative Klänge. Lassen Sie die Musik durch Ihren Körper strömen, tanzen Sie nicht nur mit den Beinen, sondern lassen Sie Ihren ganzen Körper »mittanzen«. Tanzen Sie, solange Sie mögen. Bleiben Sie dabei wach und bewusst: Je genauer Sie sich im freien Tanz beobachten, desto mehr erfahren Sie über sich selbst. Die Art Ihres Tanzes sagt viel darüber aus, wie Sie mit Ihrem Körper – und übrigens auch mit Ihrer Sexualität – umgehen.

Das Spiegelspiel

Obwohl Sie sich beim Spiegelspiel auch berühren sollten, geht es hierbei weniger darum, sich zu spüren, als sich zu sehen. Nur wenige Menschen nehmen sich Zeit, ihren Körper intensiv zu erforschen. Dabei kann nur der seinen Partner feinfühlig wahrnehmen, der sich auch selbst mit allen Sinnen aufmerksam beobachtet. Für das Spiegelspiel eignet sich eine dezente Beleuchtung, etwa von Kerzen, gelben oder roten Glühbirnen. Außerdem brauchen Sie einen möglichst großen Spiegel, der auf dem Boden stehen sollte. Setzen Sie sich im Schneidersitz vor den Spiegel. Betrachten Sie Ihr Gesicht. Schauen Sie sich lange in die Augen. Konzentrieren Sie sich dann auf die Form Ihrer Lippen. Streicheln Sie Ihre Lippen ganz sanft mit zwei Fingern, und gleiten Sie dann mit der Hand langsam abwärts über Kinn und Hals bis zur Brust. Beobachten Sie die Bewegung der streichelnden Hand, und sehen Sie sich Ihre Brust beziehungsweise Ihren Busen im Spiegel an. Stehen Sie nun langsam auf, und werfen Sie einen Blick auf Bauch, Schamregion und Oberschenkel.

Liebevoll betrachten Es geht hier nicht um den »kritischen Blick in den Spiegel«! Betrachten Sie Ihren Bauch, die Schamhaare und die Form Ihres Beckens, und akzeptieren Sie diese Lust spendenden Körperbereiche als Teil Ihres Selbst. Streicheln Sie sanft über Bauch, Hüften und Oberschenkel, und schauen Sie im Spiegel zu, wie Ihre Hände Ihren Unterleib verwöhnen. Drehen Sie sich dann mit dem Rücken zum Spiegel, schauen Sie über Ihre Schulter nach hinten, und betrachten Sie auch Ihren Rücken und Ihr Gesäß liebevoll.

Nehmen Sie Ihren Körper in seiner Einzigartigkeit wahr.

Legen Sie sich nun direkt vor dem Spiegel auf den Boden – am besten auf eine Decke. Legen Sie den Kopf auf ein Kissen, damit Sie sich gut sehen können. Öffnen Sie die Beine, und betrachten Sie Ihre äußeren Geschlechtsorgane. Als Mann betrachten Sie die Form Ihrer Hoden und Ihres Penis. Schieben Sie die Vorhaut sanft zurück, und betrachten Sie Ihr Spiegelbild. Als Frau schauen Sie Ihre äußeren, großen Schamlippen und die Form Ihres Schamhügels an. Öffnen Sie die Schamlippen sanft mit den Fingern, und betrachten Sie Ihre kleinen Schamlippen, die Klitoris sowie Ihren Scheideneingang. Prägen Sie sich Ihren Körper gut ein, und beenden Sie die Übung dann allmählich.

Sich selbst erkunden

Um Ihren Körper zu entdecken und Ihre erotische Ausstrahlung zu entwickeln, können Sie sich im Spiegel betrachten, tanzen, sich nackt bewegen – oder auch »Hand an sich legen«. Sich selbst zu berühren ist eine wichtige Vorübung für die partnerschaftliche Vereinigung. Scheuen Sie sich nicht, sich selbst zu berühren und Ihren Körper mit Hilfe des Tastsinns zu erkunden. Gehen Sie ganz spielerisch und intuitiv mit den folgenden Anregungen um, und verändern Sie diese ganz nach Ihren Bedürfnissen.

Ein eigenes Ritual finden

Duschen Sie sich, cremen Sie Ihren Körper mit einer pflegenden Lotion ein, und waschen Sie sich gründlich die Hände, bevor Sie mit dem Selbsterkundungsritual beginnen. Legen Sie sich nackt auf Ihr Bett oder eine auf dem Boden ausgebreitete Decke. Das Zimmer sollte warm sein, damit Sie nicht frieren. Legen Sie sich auf den Rücken, stellen Sie die Beine auf. Legen Sie dann die Fußsohlen aneinander, und lassen Sie die Knie locker auseinander fallen. Legen Sie Ihre Hände auf den Boden, schließen Sie die Augen, und spüren Sie in Ihren Körper hinein. Lassen Sie die Augen während der gesamten Übung geschlossen, und atmen Sie dabei ruhig, gelassen und entspannt.

Sich berühren Im ersten Teil der Übung geht es darum, sich mit der linken Hand zu streicheln und sich dabei in den eigenen Körper einzuleben. Stellen Sie sich vor, Ihre linke Hand wäre eine fremde Hand, die Hand eines/einer Geliebten, der/die Sie berührt. Stellen Sie Ihr Bewusstsein auf »Sich-Berühren-Lassen« ein.

Legen Sie Ihre linke Hand auf Ihr linkes Knie, und streicheln Sie Ihren Oberschenkel. Stellen Sie sich dabei vor, eine fremde Hand würde Ihr Bein berühren. Nehmen Sie sich Zeit, um diese Vorstellung entstehen zu lassen. Streicheln Sie dann an den Hüften entlang aufwärts, und wenden Sie sich Ihrem Bauch und Ihrer Brust zu. Streicheln Sie die Haut zuerst ganz sanft, und massieren Sie Bauch und Brust dann vorsichtig mit kreisenden Bewegungen.

Umgreifen Sie dann mit linkem Daumen und Zeigefinger Ihre Brustwarze, und üben Sie ein wenig Druck aus. Lassen Sie den Atem durch den Mund strömen, und versuchen Sie sich immer wieder vorzustellen, dass Ihre Haut von einer anderen Hand berührt wird. Streicheln Sie schließlich über Hals und Gesicht, und fahren Sie sich sanft über die Lippen, Wangen und Ohren. Lassen Sie Ihre Hand dann langsam vom Gesicht hinunter zu den Genitalien wandern.

Erforschen Sie Ihren Körper durch behutsame, liebevolle Berührungen.

Variante für Frauen

Lenken Sie Ihr Bewusstsein in Ihre Schamregion, und erkunden Sie mit Ihrer linken Hand die Ausprägung Ihres Schamhügels. Ertasten Sie Ihre Schambehaarung, und lassen Sie die Finger an Ihren großen Schamlippen entlanggleiten. Nehmen Sie die Schamlippen zwischen zwei Finger, und üben Sie sanften Druck aus. Atmen Sie währenddessen tief durch den Mund.

Ziehen Sie dann die inneren Schamlippen vorsichtig mit Zeige- und Ringfinger auseinander, und streicheln Sie mit Ihrem Mittelfinger an den Schamlippen und am Scheideneingang entlang. Ändern Sie den Rhythmus der Bewegungen, und erkunden Sie dann auch das Innere Ihrer Vagina, indem Sie einen oder mehrere Finger, die Sie anfeuchten können, einführen und damit das Innere Ihrer Vagina ertasten. Spüren Sie, welche Bereiche hier besonders sensibel sind. Spannen Sie die Beckenbodenmuskulatur an, und versuchen Sie, Ihren Finger mit der Vagina möglichst fest zu umschließen. Stellen Sie sich dabei weiterhin vor, dass es fremde Finger wären, die Ihre intimen Körperregionen erkunden. Wandern Sie mit den Fingern nun noch einmal nach außen zwischen die inneren Schamlippen. Streicheln Sie dabei Ihre Klitoris mit sanften kreisenden oder vibrierenden Bewegungen, und beobachten Sie, wie es sich auf Ihre Lustgefühle auswirkt, wenn Sie den Druck oder den Rhythmus Ihrer Bewegungen variieren. Versuchen Sie immer wieder, sich auf die Empfindungen Ihrer Schamregion und nicht auf die Ihrer Hand zu konzentrieren.

Lassen Sie Ihre Hand dann noch kurz auf Ihrer Vulva liegen, und beenden Sie das Selbsterkundungsritual, indem Sie die Hand auf den Boden legen und die Beine wieder schließen.

Variante für Männer

Lenken Sie Ihr Bewusstsein in Ihre Geschlechtsorgane. Lassen Sie Ihre linke Hand zum Hoden wandern, und ertasten Sie die Form. Streicheln Sie die empfindsame Haut des Hodens und den Bereich des Perineums zwischen Hoden und After. Stellen Sie sich dabei vor, die streichelnde Hand wäre eine fremde Hand – die einer Geliebten, die Ihren Körper erkundet.

Lassen Sie die linke Hand nun am Penisschaft entlanggleiten. Umfassen Sie Ihren Penis, und üben Sie etwas Druck aus. Bilden Sie mit Daumen und Zeigefinger einen Ring, und wandern Sie langsam von unten nach oben am Penis entlang. Betasten Sie das Vorhautbändchen (Frenulum). Streicheln Sie langsam an der Unter- und Oberseite des Penisschaftes bis zur Eichel hinauf, und spüren Sie, welche Bereiche besonders sensibel auf Berührungen reagieren.

Schieben Sie nun langsam die Vorhaut auf und ab. Führen Sie diese Bewegung zunächst mit Daumen und Zeigefinger und anschließend mit der ganzen Hand aus, wobei die linke

Männliche und weibliche Geschlechtsorgane

Gehen Sie beim Selbsterkundungsritual möglichst liebevoll mit sich um, und erforschen Sie ausgiebig die einzelnen Körperteile Ihres Geschlechts.

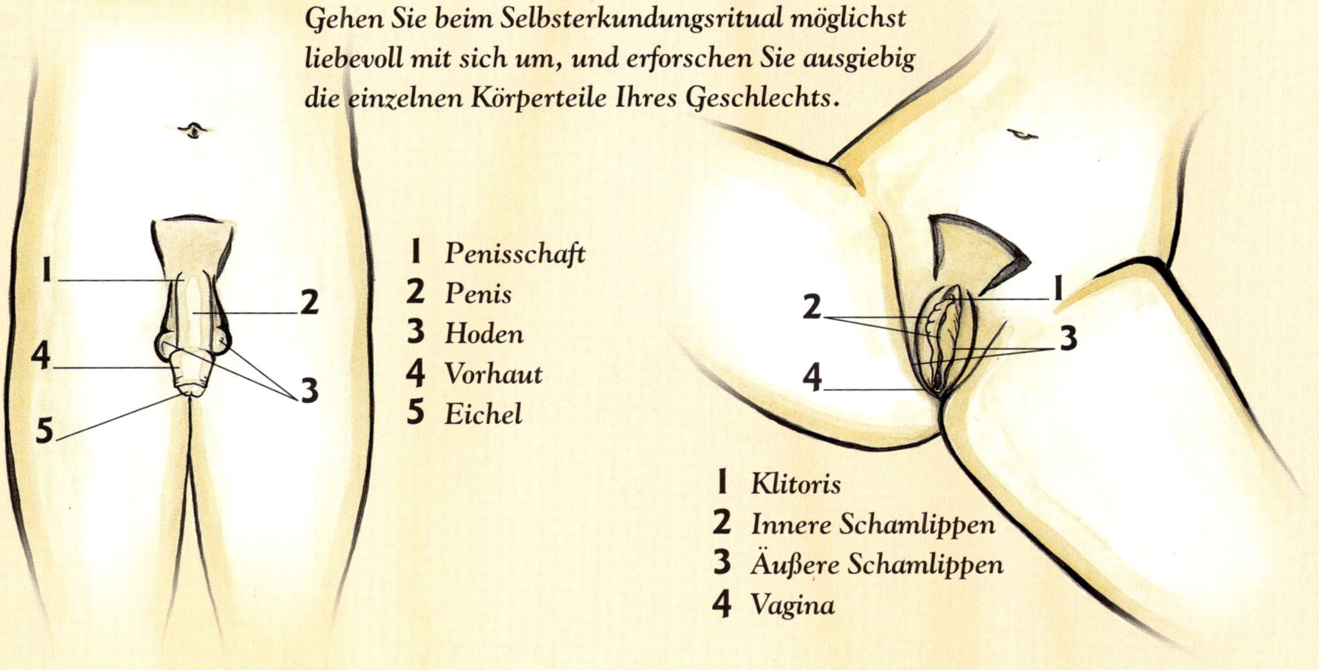

Hand den Penis unterhalb der Eichel umfassen sollte. Stellen Sie sich jedoch vor, dass nicht Ihre Hand Ihren Penis berührt, sondern eine fremde, weibliche Hand, die Ihren Körper erkundet. Verändern Sie Druck und Rhythmus, atmen Sie tief durch den Mund, und spüren Sie, wie die Welle der Erregung sich in Ihrem Körper ausbreitet. Beenden Sie die Übung, ohne zu ejakulieren! Das Ziel des Selbsterkundungsrituals ist nicht die Selbstbefriedigung, sondern das bewusste Erspüren einer »fremden« Hand und der dabei ausgelösten körperlichen Reaktionen.

Stufe II des Rituals

Pausieren Sie zwischen Stufe I und II des Selbsterkundungsrituals ein wenig: Gehen Sie im Zimmer auf und ab, schütteln Sie Arme und Beine aus, und legen Sie sich dann wieder auf den Rücken. Wiederholen Sie dann alle eben beschriebenen Schritte der Stufe I in derselben Reihenfolge. Der einzige Unterschied besteht darin, dass Sie die rechte Hand benutzen, um sich zu streicheln, und Ihr Bewusstsein diesmal nicht in Ihren Körper, sondern in Ihre Hand lenken. Während es in Stufe I der Selbsterkundung um die Vorstellung geht, eine fremde Hand würde Ihren Körper erkunden, geht es jetzt darum, sich vorzustellen, wie Ihre Hand einen fremden Körper erkundet.

Wenn es Ihnen gelingt, dieses innere Bild zu erzeugen, werden Sie bemerken, wie groß der Unterschied in der Wahrnehmung dabei ist.

Sobald Sie Stufe II beendet haben, schließen Sie die Übung ab. Legen Sie dazu beide Hände auf Ihren Unterbauch. Nehmen Sie die Energie wahr, die sich durch die vom Ritual erzeugte sexuelle Erregung in den unteren Chakras gesammelt hat. Stellen Sie sich vor, dass diese Energie sich allmählich in Ihrem ganzen Körper ausbreitet.

Berühren Sie sich so liebevoll, wie es eine geliebte Frau tun würde.

Sinnlichkeit im Alltag

Das Selbsterkundungsritual ist eine sehr intensive Möglichkeit, das Körperbewusstsein zu verbessern. Doch auch im Alltag lässt sich die Sensitivität in Bezug auf den eigenen Körper gut trainieren. Nützen Sie jede Gelegenheit, sich selbst liebevoll und bewusst zu berühren! Gleichgültig, ob Sie auf einer Zugreise sind, im Wartezimmer sitzen oder es sich auf Ihrem Sofa bequem gemacht haben: Legen Sie immer wieder einmal Ihre Hände auf Ihren Bauch oder Ihre Oberschenkel. Zu Hause können Sie Ihre Hände natürlich auch auf Ihre Schamregion oder auf Ihre Brust legen. Wichtig ist dabei, dass Sie Ihr Körperbewusstsein schulen, indem Sie immer beide Perspektiven des Selbsterkundungsrituals einnehmen: Spüren Sie zum einen Ihre Hände, die die Form, Wärme und das Gewebe von Bauch, Brust usw. ertasten. Versuchen Sie zum anderen, sich in Ihren Körper einzuleben und spüren Sie beispielsweise mit dem Bauch, wie schwer und warm die aufliegenden Hände sind.

Sich selbst verwöhnen Genießen Sie Ihre Sinnlichkeit auch im Alltag so oft wie möglich. Gönnen Sie sich ausgedehnte Bäder, gehen Sie in die Sauna, und cremen Sie sich nach dem Baden mit duftenden Hautpflegemitteln ein. Auch eine Selbstmassage hilft, ein lustvolles Körpergefühl zu entfalten. Benützen Sie Mandelöl oder spezielle Massageöle, um sich Arme, Beine, Bauch, Hüften, Brust und Schultern mit sanften kreisenden Bewegungen einzumassieren. Spüren Sie danach noch einige Zeit in Ihren Körper hinein.

Beckenbodentraining

Die folgenden Übungen helfen Ihnen, verschiedene Muskeln des Beckenbodens bewusst wahrzunehmen und zu stärken.

Den eigenen Körper weitgehend zu beherrschen ist ein Muss für jeden ernsthaften »Tantrika«. Die Intensivierung der sexuellen Freuden kann Ihnen nur gelingen, wenn Sie gut mit Ihrem Körper vertraut sind und sich von hemmenden Tabus befreien. Die Übungen, die die Muskulatur stärken, die beim Geschlechtsverkehr zum Einsatz kommt, werden vielleicht oft als »unschicklich« empfunden. Doch sie sind die Grundlage dafür, dass sich Ihre sexuellen Energien entwickeln und entfalten können. Im Tantra werden seit Jahrtausenden Techniken kultiviert, die der Kontrolle der Beckenbodenmuskulatur dienen.

Die Muskeln des Beckenbodens

Die Beckenbodenmuskulatur umschließt die Vagina oder die Peniswurzel im oberen und den Anus im unteren Bereich in Form einer Acht. Besondere Bedeutung kommt dabei dem Musculus bulbocavernosus zu, der die Vagina beziehungsweise die Peniswurzel umschließt. Die Stärkung der Beckenbodenmuskulatur wird bei uns meist nur im Zusammenhang mit Schwangerschaftsgymnastik oder zur Bekämpfung der Blasenschwäche empfohlen; als Mittel zur Steigerung der eigenen Lust und der des Partners ist sie jedoch immer noch weitgehend unbekannt.

Die Lust steigern

In einer klassischen Tantra-Schrift, dem Ananga-Ranga, wird berichtet, dass die Beherrschung der Vaginalmuskulatur bei einigen Völkern besonders ausgeprägt ist. So sollen die Abessinierinnen fähig gewesen sein, beim Mann ausschließlich durch die Bewegungen ihrer Vagina einen Samenerguss auszulösen, während der restliche Körper vollkommen bewegungslos blieb.
Die Entwicklung einer starken Vaginalmuskulatur gehört zu den grundlegenden Tantra-Techniken. In Südindien lernen junge Frauen noch heute, ihre Vaginalmuskulatur derart einzusetzen, dass sie das Öffnen und Schließen einer Hand zu imitieren vermögen. Die Beherrschung dieser Technik zielt nicht nur darauf ab, den Geliebten in höchste Erregung zu versetzen – sie intensiviert auch den weiblichen Orgasmus und erhöht die Lust an der sexuellen Vereinigung.

Lange Erektion Doch nicht nur Frauen, sondern auch Männer sollten ihre Beckenbodenmuskulatur trainieren. Die Muskulatur, die die Peniswurzel umschließt, hebt den erigierten Penis nach oben. Sowohl die Erektionsdauer als auch die Erektionsstärke können durch das regelmäßige Training dieser Muskelpartie entscheidend verbessert werden.
Ebenso wie im üblichen Muskeltraining gilt auch für die Muskeln des Beckenbodens: Nur regelmäßiges Üben führt zum Erfolg. Die wichtigste Technik für das Training der genitalen Muskulatur ist »Mula Bandha«. Durch den regelmäßigen Einsatz von »Mula Bandha« können Sie Ihre Vitalität und Ihre sexuelle Energie schnell aktivieren.

Bereiten Sie Ihren ganzen Körper einfühlsam auf die tantrische Vereinigung vor.

»Mula Bandha«

Eine der effektivsten Übungen, um den Beckenboden zu stärken, ist »Mula Bandha«.

Legen Sie sich auf den Rücken, ziehen Sie die Oberschenkel zur Brust, und überkreuzen Sie die Unterschenkel, so dass das rechte Fußgelenk über dem linken liegt. Fassen Sie mit den Armen durch Ihre geöffneten Beine hindurch, und ergreifen Sie mit der rechten Hand den linken Fuß, mit der linken den rechten Fuß. Lassen Sie den Kopf entspannt auf dem Boden liegen. Legen Sie die Zungenspitze an den Gaumen, unmittelbar hinter den Schneidezähnen. Durch diese Stellung schließen Sie zwei wichtige Energiekreisläufe im Körper.
Entspannen Sie Arme, Beine, Gesicht und Bauch. Lassen Sie den Atem kommen und gehen, ohne ihn zu beeinflussen. Konzentrieren Sie sich ganz auf Analbereich, Damm und äußere Geschlechtsorgane. Schicken Sie mit jedem Ausatmen Energie in diesen Bereich.

»Mula Bandha« – Stufe I

Beginnen Sie nun mit dem wichtigsten Teil der Übung. Dazu pressen Sie den Schließmuskel mit dem Einatmen leicht nach außen. Mit dem Ausatmen spannen Sie dann die gesamte Beckenbodenmuskulatur an, indem Sie den analen Schließmuskel und die Vaginal- beziehungsweise Peniswurzelmuskeln ganz fest zusammenziehen. Ziehen Sie die Muskeln dabei nach innen, so als wollten Sie Stuhl und Harn verhalten. Halten Sie die Anspannung während der ganzen Ausatmung. Mit der nächsten Einatmung entspannen Sie sämtliche Muskeln des Beckenbodens wieder und drücken den analen Schließmuskel am Ende der Einatmung sanft nach außen.
Wiederholen Sie An- und Entspannung der Muskeln mindestens siebenmal. Entspannen Sie sich dann, indem Sie die Stellung lösen und sich flach auf den Rücken legen.
Führen Sie die »Mula-Bandha«-Technik, die auch als »Stutenübung« bezeichnet wird, täglich zweimal durch, am besten morgens und abends.

»Mula Bandha« – Stufe II

Die zweite Stufe von »Mula Bandha« ist eine Verfeinerung der ersten. Die folgende Übung wird als sehr intim empfunden, aber um die anale und die vaginale Muskulatur beziehungs-

Diese sinnliche Übung trainiert Ihren Beckenboden sehr effektiv.

weise die der Peniswurzel voneinander unterscheiden zu können, gibt es keine bessere Technik. Wenn Sie Ihr Bewusstsein konzentriert in die »genitale Muskulatur« lenken können, wird sich nicht nur Ihre Orgasmusintensität erhöhen, sondern Sie können den Orgasmus auch kontrollieren, was vor allem für Männer wichtig ist, die zu früh ejakulieren.

Den Beckenboden spüren Sorgen Sie vor der Übung dafür, dass Darm und Blase entleert wurden, und waschen Sie sich vorher und nachher gründlich die Hände mit Seife. Stellen Sie etwas Vaseline bereit, und legen Sie sich mit gespreizten Beinen auf den Rücken.

Frauen führen einen Finger der linken Hand in die Vagina und einen Finger der rechten Hand in den Anus ein. Der Finger, der in den Anus eingeführt wird, sollte zuvor mit etwas Vaseline bestrichen werden. Führen Sie die Finger langsam und vorsichtig ein. Männer führen ebenfalls einen Finger der rechten Hand in den Anus ein. Die linke Hand wird so auf die Basis des Penis gelegt, dass der Mittelfinger den Damm und die Handfläche die Unterseite des Penis berührt. Die Aktivität der Muskulatur wird besonders deutlich, wenn der Penis nur halb erigiert ist. Konzentrieren Sie sich auf den Beckenbodenbereich, auf den Anus und die Genitalien. Versuchen Sie, den Finger im Enddarm zu erspüren, und spannen Sie nun die anale Hebemuskulatur und den Schließmuskel kräftig an, so dass die Muskeln sich fest um den Finger schließen und diesen festhalten. Spannen Sie sämtliche Muskeln kräftig an: Männer spüren dabei auch, wie ihr Penis sich hebt und zusammenzieht, Frauen, wie der Finger in der Vagina fest umschlossen wird. Wiederholen Sie An- und Entspannung mehrmals, und variieren Sie den Rhythmus.

Die Muskeln voneinander unterscheiden

Versuchen Sie nun, die analen Schließmuskeln isoliert anzuspannen. Dies erfordert etwas Übung, ist jedoch mehr eine Sache der Konzentration als der Willenskraft. Während der Finger im Anus fest umschlossen wird, sollte der Finger in der Vagina nur leichten Druck verspüren. Männer achten darauf, dass sich ihr Schließmuskel zwar zusammenzieht, der Penis sich dabei jedoch möglichst wenig hebt. Versuchen Sie es dann umgekehrt: Der anale Schließmuskel wird nur wenig angespannt, während die vaginale Muskulatur beziehungsweise die Muskulatur, die die Peniswurzel umschließt, möglichst fest angespannt wird. Mit der Zeit wird es Ihnen gelingen, die Muskeln weitgehend unabhängig voneinander anzuspannen. Schnellere Anspannungs- und Entspannungssequenzen ahmen die Orgasmusreaktion nach und vertiefen die Lustgefühle bei der sexuellen Vereinigung. Je häufiger Sie Ihre Beckenbodenmuskulatur durch »Mula Bandha« trainieren, desto bewusster werden Ihnen schließlich die vitalen Kräfte, die mit dem untersten Chakra – dem Muladhara-Chakra – zusammenhängen und die die Quelle der sexuellen Energien sind.

»Mula Bandha« während der sexuellen Vereinigung

Natürlich ist es wichtig, diese Techniken auch beim Geschlechtsverkehr mit Ihrem Partner auszuprobieren. Halten Sie Ihre Körper während der Vereinigung ganz still, und kommunizieren Sie nur über die Kontraktion Ihrer Vaginal- beziehungsweise Penismuskulatur. Erspüren Sie die Muskelkontraktionen Ihres Partners, und antworten Sie ihm durch die rhythmische An- und Entspannung Ihrer Beckenbodenmuskulatur. Wechseln Sie sich dabei ab, und erleben Sie, wie Ihr Bewusstsein für die sexuellen Reaktionen Ihres Körpers mit der Zeit immer feiner wird.

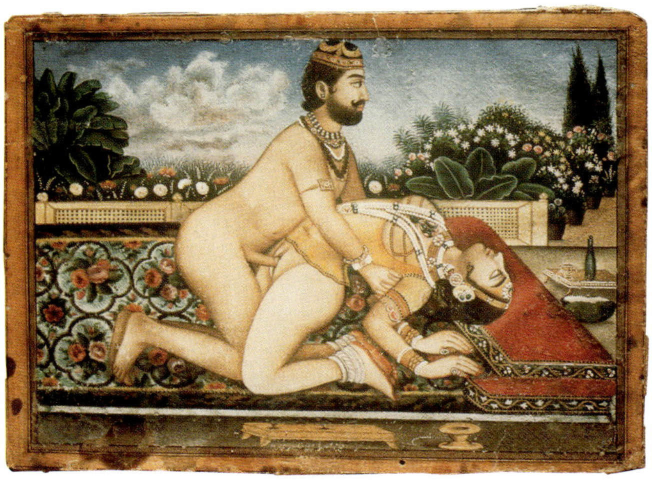

Regelmäßiges Training von »Mula Bandha« stärkt die Beckenbodenmuskulatur und verstärkt so das sexuelle Empfinden für beide Partner.

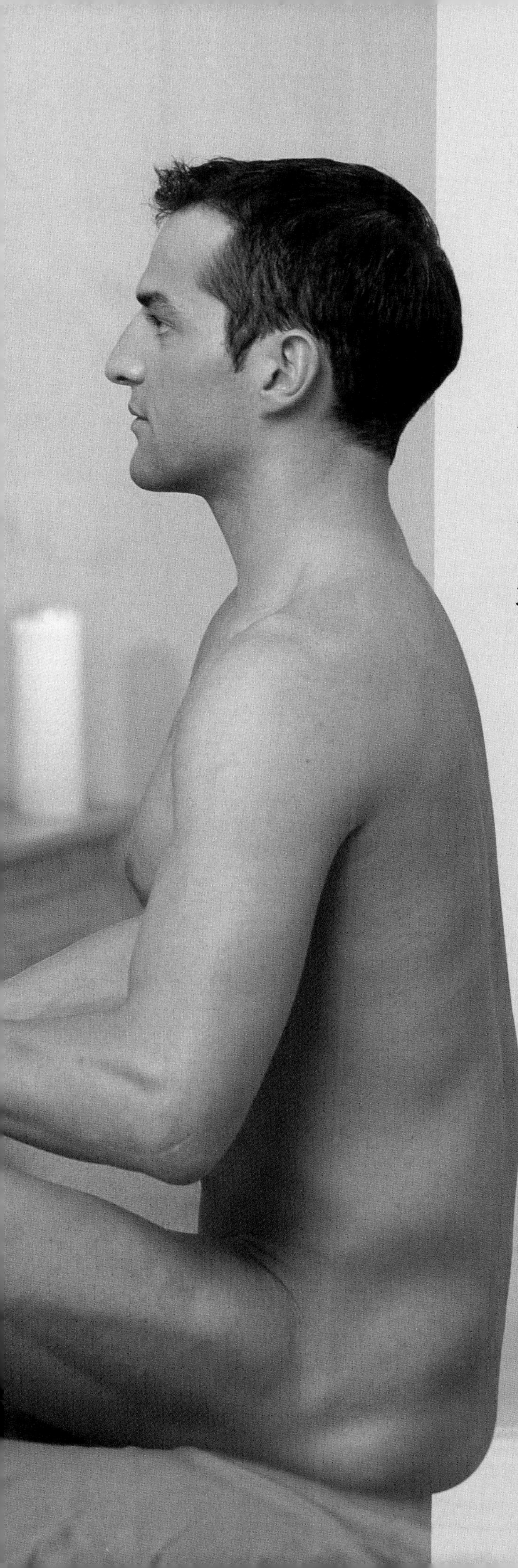

Zeit für Sinnlichkeit

Ästhetik, Schönheit und Sinnlichkeit stehen im Mittelpunkt jeder tantrischen Begegnung. Viele kleine Rituale und erotische Spiele verführen dazu, in die Welt der Sinne einzutauchen. Farben, Düfte und Klänge helfen dabei, das Liebesspiel neu zu beleben. Innige Umarmungen, wohltuende Streicheleinheiten und zärtliche Massagen mit duftenden Ölen wecken nicht nur die Phantasie, sie durchbrechen auch eingefahrene Beziehungsmuster und weisen neue Möglichkeiten auf, um wieder sensitiver miteinander umzugehen.

Tantra-Rituale

Sie haben nun bereits einige Techniken kennen gelernt, durch die Sie Ihre sexuellen Energien stärken und Ihr Körperbewusstsein vertiefen können. Nun ist es an der Zeit, gemeinsam mit Ihrem Partner in die Welt der Sinne einzutauchen.

Die folgenden Anregungen dienen dazu, Shiva und Shakti auf die verschiedenen Tantra-Stellungen vorzubereiten. All diese erotischen Spiele, Energieaustauschübungen und sinnlichen Massagen können aber auch unabhängig von der Vorbereitung auf die sexuelle Vereinigung, das »Maithuna-Ritual«, praktiziert werden.

Die Übungen helfen Ihnen:

- Alle Ihre Sinne zu wecken
- Beide Partner in eine lustvolle, erregte Stimmung zu versetzen
- Beziehungen neu zu beleben, in die schon Routine eingekehrt ist
- Die Intimität zwischen Mann und Frau zu vertiefen
- Die spielerische Seite der Sexualität zu entdecken
- Männliche und weibliche Energien auszutauschen
- In »seelisch-sinnlicher« Weise miteinander zu kommunizieren
- Vertrauen in- und Verständnis füreinander zu entwickeln

Wie so oft gilt im Tantra auch für die Sinnlichkeitsübungen, dass Sie spontan, kreativ und offen bleiben sollten. Folgen Sie Ihrer Experimentierfreude und Ihrer kindlichen Neugier! Hören Sie auf Ihre Bedürfnisse und die Ihres Partners, und nehmen Sie die folgenden Anregungen als das, was sie sind: nicht etwa unumstößliche Regeln, sondern Wegweiser zu mehr Verständnis und mehr Zärtlichkeit zwischen zwei Menschen, die ihren gemeinsamen Weg durch neue Erfahrungen bereichern wollen.

Mit Ritualen und erotischen Spielen kommen Sie einander näher.

Innere und äußere Einstimmung

Tantra unterscheidet sich von gewöhnlichem Geschlechtsverkehr: durch die spirituelle Dimension, den ritualisierten Ablauf, das wache Bewusstsein und nicht zuletzt die Atmosphäre, in der die sexuelle Vereinigung stattfindet. Beim Tantra spielen Ästhetik, Schönheit, Geborgenheit und eine sinnlich ansprechende Atmosphäre eine große Rolle. Gleichgültig, ob Sie sich mit Ihrem Partner auf die tantrische Vereinigung, das »Maithuna-Ritual«, vorbereiten oder ob Sie eine erotische Massage genießen möchten – Sie sollten dies immer in der richtigen Stimmung tun, denn: »Wie man sich bettet, so liebt man!«

Die Routine durchbrechen Die bewusste Einstimmung auf die Zeit, die Sie mit »Ihrem Shiva« oder »Ihrer Shakti« verbringen wollen, ist der erste und vielleicht wichtigste Schritt zu einer sinnlich-spirituellen Begegnung. Dazu gehört, dass Sie den Raum und Ihr Liebeslager ebenso wie sich selbst »verzaubern«, indem Sie die Routine des Alltäglichen durchbrechen.

Achtsam werden Tantra ist vor allem eine Sache des Bewusstseins. Nur wenn Sie Ihr Bewusstsein verfeinern, Ihre Sinne entwickeln und Ihre Achtsamkeit trainieren, werden Sie das Geheimnis der östlichen Liebeskunst in seiner ganzen Tiefe erleben können. Es ist leider nicht ganz einfach, die Sexualität zu einer

»heiligen Handlung« zu erheben. Die Triebe, die ja immer auf schnelle Lustbefriedigung ausgerichtet sind, haben eine starke Macht, die nicht unterschätzt werden darf. Triebe funktionieren automatisch, alles geht wie von selbst, und allzu oft wird der Partner dazu benutzt, die eigenen Bedürfnisse zu befriedigen.

Rituale entwickeln Tantra können Sie nicht »schnell machen«. Für Tantra brauchen Sie Zeit. Nehmen Sie sich diese Zeit für alle Stufen der tantrischen Begegnung – angefangen von der Begrüßung, der Reinigung über die sinnlichen Massagen bis hin zur geschlechtlichen Vereinigung. Auch die Verwandlung eines gewöhnlichen Schlafzimmers in einen Tempel der Lust sollten Sie dabei wie ein kleines Ritual zelebrieren. Viele Menschen sind skeptisch, wenn sie das Wort »Ritual« hören. Sie glauben, es handele sich dabei um eine recht geheimnisvolle oder gar anrüchige Sache. Dabei sind Rituale gar nichts Besonderes. Wir alle kennen Rituale wie das gemeinsame Sonntagsfrühstück, Geburtstagsfeiern oder Weihnachtsfeste – Handlungen, die feierlich begangen werden. Tantrische Rituale führen zu innerer Ruhe. Sie helfen Ihnen, sich von oberflächlichen Gedanken zu lösen und Ihre Energien auf das Wesentliche zu konzentrieren.

Klassische Tantra-Rituale

Klassische Tantra-Rituale aus dem alten Indien – sofern sie überhaupt noch rekonstruierbar sind – dauern nicht selten mehrere Tage und bedürfen einer langjährigen, intensiven Vorbereitung. Darüber hinaus sind sie eng mit der hinduistischen Kultur verbunden und sollten ausschließlich unter Aufsicht eines Tantra-Meisters praktiziert werden. Es versteht sich somit von selbst, dass sie sich kaum für den modernen, westlichen Menschen heute eignen.

Die Grundelemente und Prinzipien tantrischer Rituale können hingegen von jedem modernen, aufgeschlossenen Paar ohne weiteres übernommen und genutzt werden. Haben Sie den Mut, Ihr eigenes Ritual zu kreieren! Anregungen dazu finden Sie im folgenden Abschnitt.

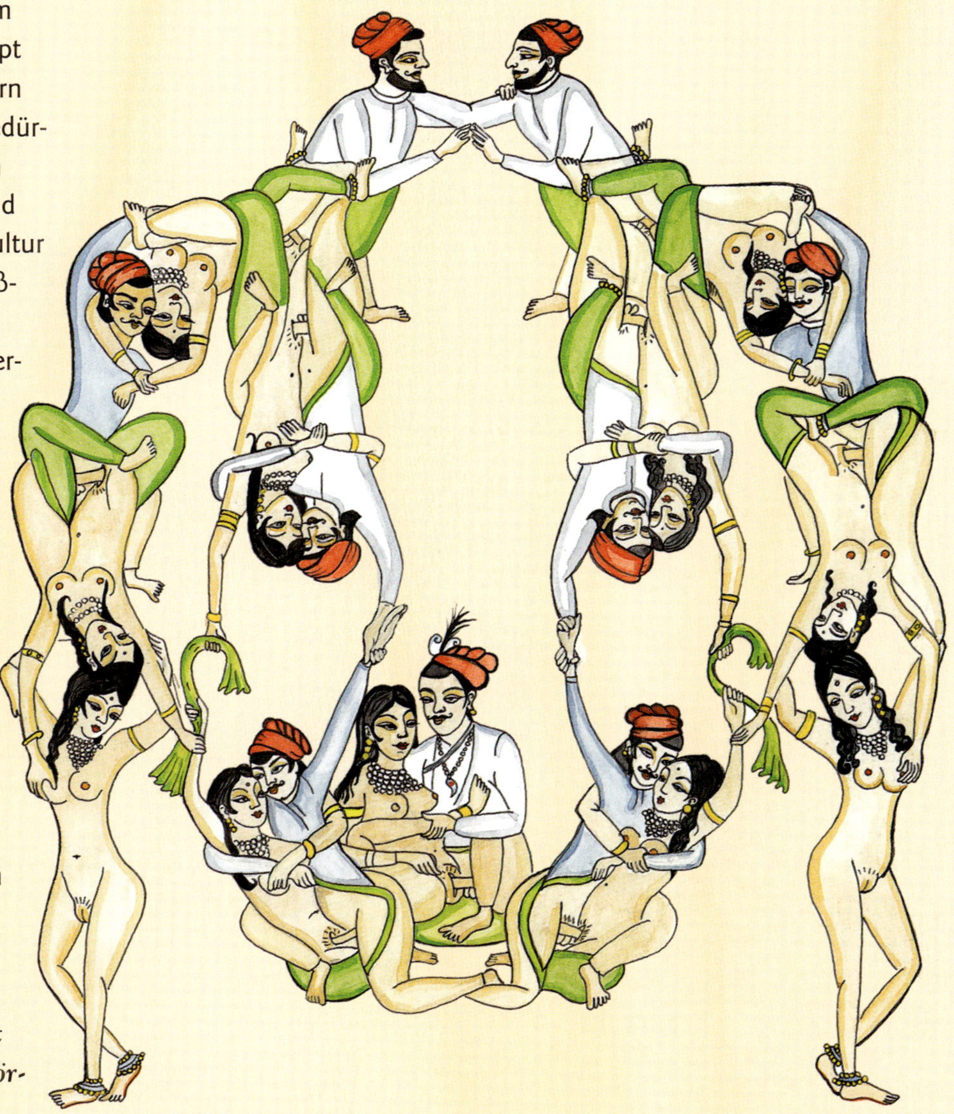

Diese Holzmalerei aus dem achtzehnten Jahrhundert stellt eine Ode an die Freuden der körperlichen Liebe dar.

So zaubern Sie eine tantrische Atmosphäre

Verwandeln Sie ein Zimmer Ihrer Wohnung in eine tantrische Spielwiese. Lassen Sie Ihrer Phantasie dabei freien Lauf. Gestalten Sie das Zimmer so, dass Sie und Ihr Partner sich darin rundum wohl und behaglich fühlen.

Kuschelige Wärme

Wichtig ist, dass Ihr Tantra-Raum eine angenehme Temperatur hat. Heizen Sie ihn nötigenfalls gründlich auf, da sowohl die geschlechtliche Vereinigung als auch die sinnlichen Spiele möglichst nackt ausgeführt werden.
Halten Sie deshalb auch immer einige kuschelige Decken bereit, damit Sie sich, wenn nötig, zwischendurch auch zudecken und aufwärmen können.

Ungestört sein

Um sich dem Liebesspiel ungezwungen hingeben zu können, sollten Sie unbedingt dafür sorgen, dass Sie nicht von Mitbewohnern, Kindern, dem Postboten oder Haustieren gestört werden. Schließen Sie nötigenfalls die Tür ab, und sorgen Sie dafür, dass in Ihrem Liebestempel nur Platz für Sie und Ihren Geliebten ist. Schalten Sie außerdem Telefon und Handy aus. Auch unnötige Alltagsgegenstände wie der Fernseher und andere Elektrogeräte oder Regale mit Aktenordnern sollten Ihren »Lustgarten« möglichst nicht stören. Je leerer der Raum ist, umso leichter fällt es Ihnen nämlich auch, Ablenkungen auszuschließen und sich ganz aufeinander und auf Ihr Liebesspiel zu konzentrieren.

Die Liebeswiese

Für die intime Begegnung brauchen Sie, gewissermaßen als Altar Ihres Lusttempels, ein ansprechendes und gemütliches Liebeslager. Vielleicht ist es zunächst nahe liegend, dass Sie Ihr Bett in den Mittelpunkt tantrischer Abenteuer rücken. Dies empfiehlt sich allerdings nur, wenn es groß genug ist (also etwa zwei mal zwei Meter). Das Bett sollte auch nicht zu weich sein, da Ihnen einige Übungen und Stellungen schwer fallen können, wenn Sie dabei zu tief in die Matratze einsinken.
Indische Tantra-Anhänger praktizierten meist auf großen Liegewiesen, die mit Kissen und Decken gepolstert waren. Je weniger Grenzen Ihrer Bewegungsfreiheit gesetzt sind, desto besser. Ein dicker, großer Wollteppich, den Sie in die Mitte des Raumes legen, kann oft bessere Dienste leisten als manches Bett, wenn Sie noch zwei, drei weiche Decken und ein großes Laken auf den Boden legen. Auch ein Futon oder eine große Matratze, die Sie auf den Boden legen, eignet sich gut. Versuchen Sie auch, möglichst viele Kissen, Tücher und Decken in der Nähe Ihres Liebeslagers zu platzieren, damit Sie es sich richtig gemütlich machen können.
Schmücken Sie Ihren Tantra-Platz mit Blumen, und stellen Sie einige Grünpflanzen im Raum auf, denn auch dadurch wird die Atmosphäre positiv beeinflusst.

Dezentes Licht

Ein weiterer Punkt, an den Sie denken sollten, ist die richtige Beleuchtung. Beim Tantra oder bei sinnlichen Massagen müssen Sie Ihren Partner sehen können. Sex im Dunkeln auszuüben ist für einen »Tantrika« undenkbar, denn der Blick in die Augen des/der Geliebten ist ein wichtiger Bestandteil der tantrischen Vereinigung. Das heißt natürlich nicht, dass der Raum in grelles Licht getaucht sein soll. Die Beleuchtung sollte vielmehr dezent und angenehm sein.
Ein offener Kamin wäre zwar ideal, da er nicht nur Licht, sondern auch Wärme spendet, dürfte aber die Ausnahme sein. Kerzenlicht ist eine gute Alternative. Je mehr Kerzen Sie aufstellen, desto schöner wird die Stimmung. Zusätzlich können farbige Lampen ein warmes Licht ins Zimmer zaubern. Rotes, gelbes und orangefarbenes Licht aktiviert die unteren Chakras und damit die sexuellen Energien.

Betörende Klänge

Ob Sie Musik als akustischen Hintergrund für erotische Spiele und Massagen wünschen, müssen Sie selbst entscheiden. Manche Menschen fühlen sich durch Musik grundsätzlich abgelenkt, andere lieben es, wenn sanfte, meditative Klänge erotische Augenblicke begleiten. Stilgerecht wäre natürlich der Einsatz von klassischer indischer Musik, etwa in Form so genannter Ragas. Da indische Musik reich an Obertönen ist, wird sie oft als sehr spirituell empfunden.

Doch auch westliche klassische Musik, vor allem einige Werke von Vivaldi, Bach, Debussy oder Ravel, sowie CDs mit Meditations- oder Weltmusik können eine harmonisch fließende und zugleich beruhigende Stimmung schaffen.

Düfte für die Liebe

Um die Welt der Sinnlichkeit in ihrer ganzen Dimension zu erfahren, sollten nicht nur Augen (Kerzenlicht, Pflanzen, Farben), Ohren (Musik) und Haut (Seidentücher, Kissen, Massageöle), sondern auch die Nase verwöhnt werden. Dazu dienen beispielsweise ätherische Öle, wie sie in der Aromatherapie verwendet werden.

Essenzen aus Rose, Jasmin, Ylang-Ylang oder Sandelholz eignen sich besonders gut, um sexuelle Energien und erotische Gefühle zu wecken (siehe auch Kasten Seite 61). Achten Sie darauf, dass Sie nur hochwertige, naturreine Öle verwenden, auch wenn diese meist etwas teurer sind als chemische oder naturidentische. Die Anwendung von Duftölen ist einfach: Es genügt, wenige Tropfen in die Duftlampe zu träufeln. Schnell werden angenehme Düfte Ihren Tempel der Liebe erfüllen. Falls Sie keine Duftlampe haben, können Sie die ätherischen Öle auch in ein mit Wasser gefülltes Schälchen träufeln, das Sie auf die Heizung stellen.

Eine Alternative zu ätherischen Ölen sind Räucherstäbchen, die Sie unter anderem im Esoterikhandel oder oft auch im Bioladen kaufen können. Ebenso wie bei ätherischen Ölen gibt es auch bei Räucherstäbchen durchaus Qualitätsunterschiede. Erkundigen Sie sich daher vorsichtshalber bei Ihrem Fachhändler. Empfehlenswerte Sorten sind Rose, Sandelholz, Jasmin oder Patchouli.

Räucherstäbchen sind ideal, um »kleine« Räucherungen durchzuführen. Räucherungen dienten im Fernen Osten dazu, Dämonen zu vertreiben und die Atmosphäre zu reinigen. Wenn es Ihre Zeit erlaubt, sollten Sie den Raum, den Sie für die liebevolle Begegnung reserviert haben, jedoch ab und zu auch mit einer »großen« Räucherung weihen, indem Sie Weihrauchmischungen entzünden (siehe Kasten Seite 50).

Der Raum, in dem Ihr Tantra-Ritual stattfindet, sollte stimmungsvoll eingerichtet sein.

Weihrauch für Liebende

Räucherungen waren nicht nur in Indien, sondern in nahezu allen alten Kulturen üblich. Kleine Räucherrituale sind einfach durchzuführen und können die Atmosphäre Ihres Schlafzimmers innerhalb weniger Minuten verwandeln. Traditionell werden Weihrauchmischungen angewendet, um »böse Geister« zu vertreiben. Ob es sich dabei wirklich um Geister oder eher um negative Gedanken, Sorgen, Hemmungen oder andere für das Liebesspiel unangemessene Schwingungen handelt, ist eine Frage der Interpretation.

Zubehör wie diese Räucherschale bekommen Sie im Esoterikladen.

Für Räucherungen benötigen Sie nur wenige Utensilien: ein Räucherschälchen aus Keramik oder Metall, eine feuerfeste Unterlage, spezielle Kohlescheiben für Räucherungen und etwas Sand. Sie bekommen alle Hilfsmittel im Devotionalien- oder Esoterikhandel. Hier werden oft auch fertige Räuchermischungen für sinnliche Momente angeboten. Vielleicht wollen Sie jedoch lieber Ihre eigene Weihrauchmischung herstellen. Dann benötigen Sie noch einen Mörser (am besten aus Granit oder Messing), um die verschiedenen pflanzlichen Zutaten wie Harze oder Rindenteilchen zu zermahlen.

Zwei weitere hilfreiche Räucherutensilien sind eine Pinzette und eine große Vogelfeder. Mit der Pinzette können Sie die Kohle beim Anzünden halten, ohne sich die Finger zu verbrennen; die Feder verwenden Sie als Fächer.

Und so wird's gemacht

Lüften Sie den Raum zunächst gründlich durch, und schließen Sie dann die Fenster. Füllen Sie etwas Sand in Ihr Räuchergefäß, entzünden Sie die Kohle, die Sie mit der Pinzette halten sollten, auf einer Seite, und legen Sie sie in die Räucherschale, sobald sie zu knistern beginnt. Pusten Sie die Kohle einige Male sanft an, bis sie richtig durchglüht. Geben Sie dann eine Messerspitze Ihrer Räuchermischung in die Mulde der Kohle. Fächeln Sie mit der Feder ab und zu etwas Luft in die Glut, legen Sie notfalls etwas Räucherwerk nach, und umfächeln Sie sich und Ihren Partner mit dem aromatischen Rauch, indem Sie die Feder oder Ihre Handflächen bewegen, als wollten Sie im Rauch baden.

Vorsicht: Um Ihre Möbel zu schützen, sollten Sie das Räuchergefäß auf eine feuerfeste Unterlage stellen. Halten Sie darüber hinaus leicht entzündbare Substanzen wie etwa Zeitungen von der glühenden Kohle fern. Selbstverständlich sollten auch Kinder nicht in die Nähe offenen Feuers gelangen. Lassen Sie deshalb die Kohle auch immer vollständig ausglühen, bevor Sie das Zimmer verlassen, oder löschen Sie sie unter fließendem Wasser.

Falls Sie Ihre Weihrauchmischung selbst herstellen möchten, empfehlen wir Ihnen folgende Rezepte. (Zerstoßen Sie alle Zutaten gründlich im Mörser.)

Tantra-Liebesmischung I

2 Teile Weihrauch
2 Teile Sandelholz
1 Teil getrocknete Rosenblätter

Bereiten Sie Ihre Liebesmischung in einem kleinen Mörser zu.

Tantra-Liebesmischung II

2 Teile Weihrauch
1 Teil Benzoe
1 Teil Patchouli
1 Teil getrocknete Nelken
1 Teil getrocknete Vanille

Reinigung und Körperpflege

Im Tantra spielt Sinnlichkeit eine große Rolle. Deshalb muss natürlich auch der eigene Körper gepflegt und gereinigt werden. Das sollte zum Teil des tantrischen Rituals werden.
Die innere Reinigung können Sie durch Atem- und Tantra-Yoga-Techniken (siehe Seite 22ff.) vollziehen. Wenn Sie es den Tantra-Meistern früherer Zeiten gleichtun möchten, sollten Sie für die äußere Reinigung auch duftende Substanzen einsetzen. Verwenden Sie aromatische Duschlotionen, Öle oder Parfums jedoch immer in Maßen, so dass der Eigengeruch Ihrer Haut erhalten bleibt und sich mit den erotisierenden Düften mischen kann. Kaufen Sie Pflegeprodukte mit Rosen-, Rosmarin-, Moschus- oder anderen anregenden Aromen möglichst im Bioladen oder im Reformhaus.
Hygiene und Sauberkeit sind im Tantra eine absolute Voraussetzung. Mund- und Körpergeruch, Bartstoppeln oder fettige, ungepflegte Haare tragen nicht gerade zur Entfaltung von Lust und Sinnlichkeit bei. Durch ungewaschene Hände und ungepflegte Fingernägel können darüber hinaus sogar Infektionen ausgelöst werden.
Natürlich sollten Sie auch Ihren Intimbereich pflegen, doch übertreiben Sie es nicht mit der Sauberkeit. Aggressive Seifen belasten den Säureschutzmantel der Haut. Vor allem für den Intimbereich sollten Sie pH-neutrale Waschlotionen verwenden.

Reinigung des Intimbereichs

Sehr sanft und wohltuend können Sie diesen Bereich reinigen, indem Sie eine Mischung aus einer Tasse Naturjoghurt und einem Teelöffel Apfelessig beim Duschen im Intimbereich auftragen. (Den Joghurt sollten Sie mindestens eine Stunde vor der Anwendung aus dem Kühlschrank nehmen.) Lassen Sie die Joghurtmischung kurz einwirken, und spülen Sie sie dann mit warmem Wasser gründlich ab.

Gemeinsam baden

Für ein Tantra-Paar versteht es sich von selbst, gemeinsam mit dem Partner zu duschen oder zu baden. Waschen Sie sich gegenseitig die Haare, und benützen Sie eine hautverträgliche Waschlotion, um Ihre Geliebte oder Ihren Geliebten von Kopf bis Fuß zu waschen. Lassen Sie keine Körperstelle aus. Um die Seife abzuwaschen, benutzen Sie die Dusche. Sie können übrigens lustvolle Gefühle erzeugen, wenn Sie den Strahl des Duschkopfes auf den Intimbereich Ihres Partners richten. Auch der zärtliche Einsatz von Luffaschwämmen kann die Badelust durchaus steigern. Nach dem Baden können Sie sich gegenseitig mit einer duftenden Lotion oder Körpermilch eincremen oder gleich eine erotische Massage (siehe Seite 60ff.) durchführen. Betreten Sie Ihren Liebestempel nur in gereinigtem Zustand, ohne Schweißgeruch, ohne belastende Gedanken, Streit oder Konflikte und ohne Kleider. Legen Sie nur einen Morgenmantel, einen Kimono oder andere bequeme Kleidung aus Seide oder Leinen in die Nähe Ihres Liebeslagers. Falls Ihnen doch einmal kalt wird, sollten Sie nicht lange nach Kleidern suchen müssen.

Gemeinsamer Genuss: zusammen baden.

Austausch von Energie durch zarte Berührungen

Auf den folgenden Seiten finden Sie Spiele und Übungen, die Ihnen dabei helfen, mehr Freude an Ihrem Körper und Ihrer Sinnlichkeit zu entwickeln. Die Techniken dienen aber auch dazu, Grenzen auszutesten, Hemmungen ab- und Vertrauen aufzubauen. Nicht zuletzt geht es bei den meisten Übungen jedoch um den Austausch von männlichen und weiblichen Energien und um eine spirituelle Annäherung zwischen Shakti und Shiva.

»Shiva und Shakti begrüßen einander«

Die bewusste Begrüßung sollte alle folgenden Spiele ebenso einleiten wie die sexuelle Vereinigung. Stellen Sie sich einander in einem Abstand von ein bis zwei Metern nackt

Jede erotische Begegnung sollte mit einer Begrüßung beginnen.

gegenüber. Falten Sie die Hände vor der Brust, die Fingerspitzen zeigen nach oben, die Daumen berühren die Brustmitte. Schauen Sie sich in die Augen, und atmen Sie einige Male entspannt durch. Lassen Sie Ihre Blicke liebevoll aufeinander ruhen. Dann schließen Sie beide die Augen und verneigen sich mit einer kleinen Verbeugung vor Ihrem Partner.
Die Verneigung dient dazu, Ihrem Shiva oder Ihrer Shakti zu zeigen, dass Sie ihn oder sie respektieren und dass Sie bereit sind, sich nun ganz auf den anderen zu konzentrieren. Stellen Sie sich bei der Verbeugung vor, dass Sie sich vor der Gottheit verneigen, die sich hinter der äußeren Erscheinung Ihres Partners verbirgt – vor der männlichen beziehungsweise weiblichen Urenergie, mit der Sie sich verbinden möchten.
Richten Sie den Oberkörper dann langsam wieder auf, öffnen Sie die Augen, nehmen Sie sich an der Hand, und begeben Sie sich auf Ihr Liebeslager, um eine der folgenden Übungen oder die sexuelle Vereinigung anzuschließen.

Das »Shiva-Shakti-Spiel« – empfangen und geben

Das »Shiva-Shakti-Spiel« dient dazu, sich gegenseitig zu verwöhnen. Es geht darum, dass Shakti empfängt, was Shiva ihr schenkt – oder umgekehrt. Der aktive Partner beobachtet die Reaktionen, die seine Streicheleinheiten auslösen. Er verfolgt die Welle der Erregung, den Gesichtsausdruck und den Atem des anderen. In diesem Spiel geht es nicht darum, an Grenzen zu gehen. Tun Sie nur, was Ihre Shakti beziehungsweise Ihr Shiva erfahrungsgemäß liebt. Wenn Sie unsicher sind, sollten Sie einfach nachfragen, was Ihr Partner sich

Verwöhnen Sie Ihre Partnerin mit sinnlichen Spielereien.

wünscht. Losen Sie aus, wer zuerst der Glückliche sein wird, der in den Genuss zärtlicher Zuwendungen kommen soll. Der einfacheren Formulierung halber werden wir das Spiel so beschreiben, dass der Mann der Gebende und die Frau die Empfangende ist. Beim nächsten Mal sollten die Rollen allerdings getauscht werden.
Legen Sie Ihre Shakti auf die Liegewiese oder auf das Bett. Bitten Sie sie, für die nächsten 10 bis 15 Minuten völlig passiv zu bleiben, die Augen geschlossen zu halten und nicht zu sprechen. Es geht darum, dass die Frau sich jetzt nur auf ihre eigenen Empfindungen konzentriert. Nach der Übung können Sie sich dann

verbal austauschen, und Ihre Geliebte kann Ihnen mitteilen, was ihr gut und was ihr weniger gut gefallen hat, doch für den Moment sollten Sie beide schweigen.
Überlassen Sie es Ihrer Partnerin, ob sie lieber auf dem Rücken oder auf dem Bauch liegen möchte. Falls sie noch bekleidet ist, sollten Sie sie zunächst ausziehen, und zwar langsam und behutsam. Lassen Sie sich beim Ausziehen Zeit, und streicheln Sie Ihre Partnerin zwischendurch ausgiebig. Gehen Sie sehr zart vor, um den Körper Ihrer Shakti zu erkunden. Was Sie im Einzelnen tun möchten, sollten Sie natürlich Ihrer Phantasie überlassen.

Sie könnten zum Beispiel ...

- Eine Pfauenfeder benutzen, um Ihrer Geliebten über den Rücken zu streichen
- Shaktis Hals küssen, an ihrem Ohrläppchen knabbern oder ihr sanft über die Haare streichen
- Mit Ihrem Zeigefinger ganz langsam und zärtlich Honig auf den Lippen Ihrer Geliebten verstreichen
- Etwas Erdbeerjoghurt um ihren Bauchnabel auftragen und diesen anschließend zärtlich ablecken (falls Sie Erdbeerjoghurt mögen)
- Die erogenen Zonen der Frau – zum Beispiel die Brüste, den Bauch und die Innenseiten der Oberschenkel – liebkosen (siehe auch Kasten Seite 63)
- Sich schließlich der Scham Ihrer Partnerin – im Tantra »Yoni« genannt – zuwenden und den Intimbereich mit sanften Küssen und Streicheleinheiten verwöhnen

Wichtig ist, dass Sie Ihre Partnerin zwar küssen, streicheln und verwöhnen, jedoch nicht mit ihr schlafen. In diesem Spiel geht es nur um die Erregung Ihrer Liebsten, nicht um Ihre eigene!

Einander verwöhnen

Wenn der Mann die passive Rolle übernimmt, sollte seine Partnerin ihn ebenso verwöhnen: ihn ausgiebig streicheln, küssen und sich der Stimulierung seines »Lingam« – seines Penis – zuwenden. Bei vielen Paaren endet das »Shiva-Shakti-Spiel« in der Tat damit, dass der aktive Partner den passiven mit Hand oder Mund befriedigt. Dagegen ist nichts einzuwenden, solange Leistungsdenken und eine »Jagd nach dem Orgasmus« außen vor bleiben. Allerdings ist es aus Sicht des Tantra aus energetischen Gründen ungünstig, wenn der Mann zu häufig Samenergüsse hat. Sprechen Sie daher miteinander ab, wann Sie das Spiel mit der Erregung abbrechen wollen.

Freudig geben, entspannt empfangen – beides gehört zum Tantra.

Die Verehrung von »Yoni« und »Lingam«

Wenn Sie Ihren Partner oder Ihre Partnerin sexuell befriedigen, sollten Sie das niemals mechanisch, sondern stets einfühlsam und bewusst tun. Der Penis und die Vagina sind mehr als bloße Geschlechts-Organe: Sie sind Zentrum spiritueller Energien und in der Lage, neues Leben zu spenden. Penis und Vagina wurden daher in vielen alten Kulturen als Inbegriff von Zeugungskraft und Fruchtbarkeit angebetet. Vor allem im Tantra gab es schon immer einige Rituale, die der Verehrung von »Yoni« und »Lingam« dienten.

Rituale der Verehrung

Der »Lingam« (sanskr.) ist Symbol des Gottes Shiva. In Form des Phallus, des erigierten Penis, versinnbild-

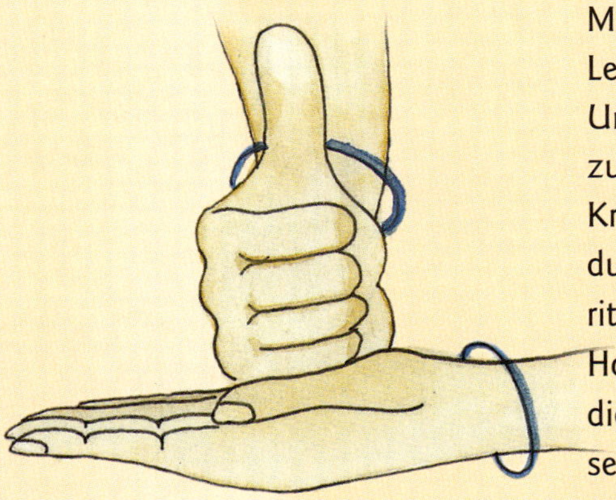

Diese mystische Handgeste für den »Lingam« wird im Odissi-Tempeltanz verwendet.

licht er das unendliche schöpferische und Leben spendende Potenzial der männlichen Urenergie. In Indien wurde der »Lingam« oft auch die Leben spendende Kraft des Sonnenballs genannt und in Form eines phallisch geformten Kultsteins dargestellt. »Yoni« ist die Sanskritbezeichnung für das weibliche Geschlechtsteil. Allerdings meint »Yoni« nicht nur Form und Funktion der anatomischen Vulva, sondern bezieht sich wiederum in übertragenem Sinn auf das heilige Symbol für das weibliche Urprinzip und insbesondere auf die kreativen, schöpferischen Energien. Die »Yoni« gilt als Schoß der Geschöpfe, als schimmerndes Juwel, als Quelle allen Lebens.
»Yoni« und »Lingam« wurden im Tantra als Sitz magischer Kräfte angesehen. In Zeremonien wurden die weiblichen oder männlichen Geschlechtsteile durch Salbungen, Verneigungen, das Darbringen von Blüten sowie Liebkosungen mit Mund und Händen als Ursprung des Lebens verehrt.
Um der Urgöttin der Fruchtbarkeit zu huldigen, wurde in tantrischen Kreisen das »heilige Yoni-Ritual« durchgeführt. Bei diesem Gruppenritual wurden Schälchen mit Joghurt, Honig, Milch, Wasser und Öl über die Scham einer Auserwählten gegossen und dann in einer großen Schale aufgefangen. Joghurt galt als Symbol für das Element Erde, Honig als Sinnbild des Feuers, Milch repräsentierte die Lust, Wasser das Element Wasser und Öl den Himmel. Die durch die Berührung mit der »Yoni« geheiligten Flüssigkeiten wurden vermischt, von den Teilnehmern

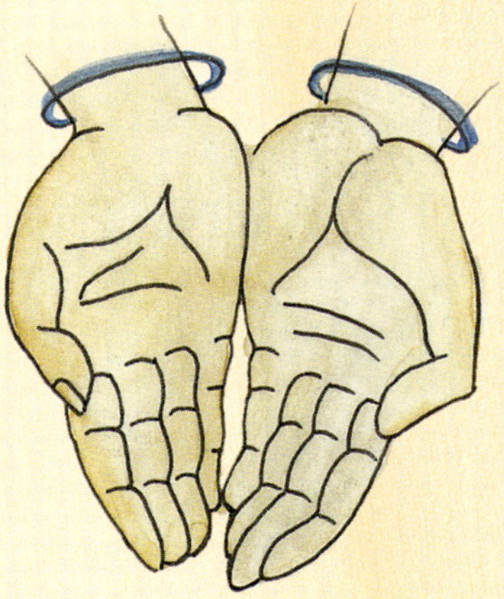

Auch im tantrischen Ritual wird die »Yoni« mit Handgesten dargestellt.

des Rituals im Kreis gereicht und getrunken. Ähnliche Rituale sind auch in Bezug auf die Verehrung des »Lingam« bekannt.

»Yoni« und »Lingam« in Vereinigung.

Der Blick in die Seele

Durch die folgende Übung können Sie lernen, Ihren Partner auf eine intensive und neue Weise zu sehen. Während frisch Verliebte sich noch oft und innig in die Augen blicken, neigen Partner, die schon lange zusammenleben, oft dazu, sich nur noch sehr oberflächlich wahrzunehmen. Um das göttliche Potenzial im anderen zu erkennen, müssen Sie wieder lernen, sich auf entspannte Weise tief in die Augen zu blicken. Setzen Sie sich in Ihren schön geschmückten Liebestempel. Die Beleuchtung sollte für diese Übung besonders dezent sein. Sie sitzen einander gegenüber – am besten im Schneider- oder im halben Lotossitz (siehe Kasten Seite 30). Fassen Sie sich bei den Händen, und lassen Sie die Hände entspannt ineinander ruhen.

Die eigene Mitte finden Schauen Sie sich nun direkt in die Augen. Versuchen Sie dabei, jegliche Anstrengung im Gesichtsausdruck zu vermeiden. Atmen Sie entspannt durch, bleiben Sie in Ihrem eigenen Zentrum, und schauen Sie Ihren Partner aus dieser Mitte heraus an. Der unmittelbare Blickkontakt wird in unserer Gesellschaft weitgehend vermieden, da er auf körpersprachlicher Ebene als Aggression gilt. Der höher Gestellte blickt den Untergebenen direkt an, während dieser die Augen abwendet, um seinen Vorgesetzten nicht zu reizen. Im Tantra begegnen sich jedoch Liebende. Das Vertrauen zueinander und der gegenseitige Respekt ermöglichen es, dass beide sich über lange Zeit ruhig in die Augen blicken können. Führen Sie die Übung lange genug durch; erst nach einigen Minuten führt das entspannte Sehen dazu, dass Sie etwas von der Tiefe und Stille wahrnehmen können, die in Ihrem Partner verborgen ist. Versuchen Sie immer wieder, sich durch langsames Atmen zu entspannen, und geben Sie sich ganz diesem Augen-Blick hin.

Vereinigende Umarmung

Die vereinigende Umarmung hilft Ihnen dabei, tiefes Vertrauen in Ihren Partner zu entwickeln. Im

Gegensatz zur flüchtigen Umarmung geht es bei der vereinigenden Umarmung darum, die Energie von Herz zu Herz fließen zu lassen und sich und den anderen intensiv zu spüren. Bei dieser Form der Berührung findet ein Energieaustausch statt – sämtliche Chakras laden sich gegenseitig auf. Wenn Sie einen Menschen in den Arm nehmen, signalisieren Sie damit Ihre Zuneigung – Sie schenken Vertrauen, Wärme und Geborgenheit. Umarmungen haben sogar eine heilende Wirkung. Vergessen Sie daher

nicht, Ihren Partner oder Ihre Partnerin auch im Alltag immer wieder einmal innig zu umarmen.
Führen Sie die Übung am besten nackt durch. Umarmen Sie Ihre Shakti oder Ihren Shiva auf ganz natürliche Weise. Achten Sie darauf, dass die Umarmung eng und innig ist. Bleiben Sie einige Minuten lang in dieser Umarmung, und beobachten Sie sich dabei ganz genau. Die Körpersprache ist oft viel deutlicher als die verbale Kommunikation. Wie fühlen Sie sich? Entspricht die enge Umarmung Ihrer inneren Verfassung, oder bauen Sie einen »inneren Sicherheitsabstand« auf? Empfinden Sie die Umarmung Ihres Partners als zart, einfühlsam und Halt gebend oder eher als zu grob und einengend? Können Sie sich nahe sein und doch frei atmen? Wechseln Sie auch einmal die Perspektive Ihrer Beobachtung: »Ich umarme meine(n) Liebste(n)« oder »Ich werde von ihm/ihr umarmt«. Wo halten Sie sich noch zurück? Wo der andere? Entspannen Sie Ihren Körper, und lassen Sie den Atem frei strömen. Schmiegen Sie sich an Ihren Partner, und lassen Sie die Umarmung allmählich in ein sanftes Wiegen übergehen.
Entscheiden Sie vor der Übung, ob Sie sich anschließend verbal mit Ihrem Partner austauschen wollen oder ob Sie dem Fluss der Energie, die von Herz zu Herz fließt, lieber still nachspüren möchten.

»Das Herz öffnen«

»Das Herz öffnen« ist eine energetische Technik, bei der Prana – kosmische Lebensenergie – ausgetauscht wird. Es kommt zu einer heilenden Energieübertragung, wodurch Blockaden im Feinstoffleib gelöst werden und der Energiefluss harmonisiert wird. Nicht zuletzt ist »Das Herz öffnen« auch eine Kundalini-Übung, durch die die Lebensenergie durch die Chakras nach oben fließen kann. In unserem Beispiel übernimmt die Frau den aktiven Part, während der Mann passiv bleibt. Später werden die Rollen dann getauscht.

Das Herz-Chakra spüren Der Mann liegt ausgestreckt auf dem Rücken, er schließt die Augen, legt die Arme mit den Handflächen nach oben neben den Körper und lässt den Atem frei fließen. Die Frau sitzt oder kniet neben ihrem Partner und konzentriert sich zunächst auf ihren eigenen Atem und ihre Körperhaltung. Dann legt sie eine Hand vorsichtig auf den Unterbauch ihres Geliebten, und zwar kurz oberhalb des »Lingam« auf die Schamhaarregion. Die andere Hand legt sie in die Mitte der Brust auf sein Herz-Chakra.

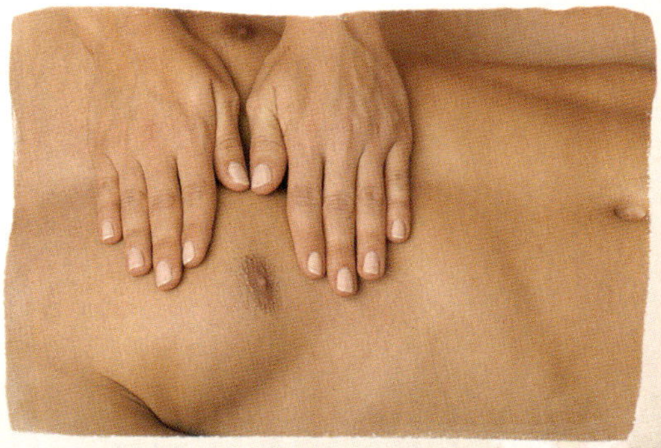

»Das Herz öffnen«: Am Schluss dieser Übung wandert die linke Hand der Frau langsam nach oben.

Die Frau lässt die Hände zunächst passiv auf seinem Körper liegen. Sie spürt den Atem ihres Partners und versucht, die Energie zu erspüren, die am untersten Ende seiner Wirbelsäule ruht – die Kundalini-Kraft. Langsam beginnt sie, mit ihrer unteren Hand leichte Vibrationen auszuführen. Dabei stellt sie sich vor, die Energie im Beckenboden zu erwecken. Der Mann stellt sich vor, wie ein rötlicher, heller Lichtstrom vom untersten Ende der Wirbelsäule aus aufwärts fließt, und zwar bis zu dem Punkt, an dem die obere Hand seiner Geliebten ruht – zum Herz-Chakra in der Brustmitte. Beide Partner visualisieren, wie die Energie von unten nach oben fließt und sich im Herzzentrum sammelt. Auf diese Weise wird die vitale Energie aus dem Beckenboden in spirituelle Energie umgewandelt, die das Herz öffnet und erstrahlen lässt.
Die Übung wird beendet, indem die Frau mit ihrer unteren Hand langsam am Körper des Mannes entlang nach oben gleitet, bis ihre beiden Hände auf seiner Brustmitte aufliegen. Verharren Sie beide noch kurz in dieser Position, um der Wirkung der Übung nachzuspüren.

Gemeinsam atmen

Bei dieser Übung geht es darum, dass beide Partner ihren Atemrhythmus aufeinander abstimmen. Ein langsamer, ruhiger Atemfluss, der gemeinsam erlebt wird, steigert das Gefühl der Verbundenheit und hilft dabei, sich seinem Partner flexibel anzupassen, wodurch viele Konflikte vermieden werden können. Durch die tiefe Entspannung und das erhöhte körperliche und seelische Gleichgewicht, das Shakti und Shiva gemeinsam erleben, stellen sich ihre Energiefelder aufeinander ein. Durch das Synchronatmen erfahren viele Paare eine vollkommen neue Qualität gemeinsamen Erlebens.

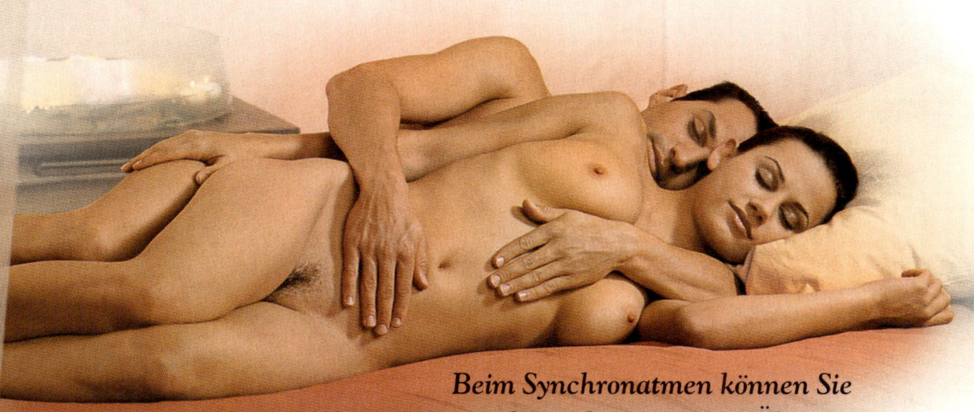

Beim Synchronatmen können Sie eine besonders intensive Übereinstimmung erleben.

Sich ganz dicht spüren Legen Sie sich gemeinsam auf Ihre Liebeswiese, und nehmen Sie die Löffelchen-Stellung ein. Dabei liegen beide Partner auf der Seite, der Mann liegt hinter der Frau. Sie können auch einige Kissen verwenden – wichtig ist, dass Sie ganz bequem liegen. Der Mann legt seinen unteren Arm unter den Kopf seiner Geliebten und winkelt ihn an, so dass er seine Hand auf ihre Brust legen kann. Die andere Hand legt er auf ihren Bauch. Auf diese Weise kann er die Atembewegung seiner Partnerin sowohl im Bauch als auch im Brustkorb spüren. Brust und Bauch des Mannes liegen eng am Rücken der Frau. Die Beine sind geschlossen und berühren sich.
Beide Partner entspannen sich so gut wie möglich und beobachten ihre Atmung. Lassen Sie den Atem sanft fließen, und geben Sie mit jedem Ausatmen Anspannungen aus Körper und Seele ab. Nach einer Weile versucht der Mann, sich auf den Atemrhythmus seiner Shakti einzustellen. Er beobachtet ihre Atembewegung in Bauch und Brust. Langsam beginnt er, gleichzeitig mit ihr aus- und einzuatmen. Dies sollte jedoch nicht zu schnell geschehen. Lassen Sie sich Zeit, Ihre Rhythmen einander anzugleichen. Konzentrieren Sie sich ganz auf Ihr körperlich-seelisches Empfinden. Schalten Sie das Denken ab, und fühlen Sie sich ganz in die Berührung ein. Spüren Sie Ihre Hände, Brust, Bauch, Rücken und Beine. Beobachten Sie, wie Ihr Atem sanft durch die Nase ein- und ausströmt. Wenn Sie möchten, können Sie allmählich auch Ihr Becken in den Atemrhythmus mit einbeziehen. Wiegen Sie Ihr Becken mit dem Ein- und Ausatmen sanft und nahezu unmerklich nach vorn und wieder zurück.
Bleiben Sie mindestens fünf Minuten lang bei dieser Übung, und beenden Sie sie grundsätzlich sehr langsam und behutsam. Tauschen Sie auch einmal die Position, so dass die Frau den Mann von hinten umarmt.

Erotische Spiele

Die folgenden Anregungen können Sie vor allem einsetzen, wenn sich in Ihre Beziehung schon ein bisschen Routine eingeschlichen hat. Die Spiele regen die Phantasie an und geben Gelegenheit, Neues auszuprobieren und Grenzen auszutesten. Vertrauen, Zuneigung und Respekt vor den Grenzen des Partners sind allerdings unabdingbare Voraussetzungen für alle erotischen Spiele. Beobachten Sie immer, welche Gefühle, Gedanken, Wünsche, Widerstände usw. in Ihnen auftauchen, und reden Sie offen mit Ihrem/Ihrer Geliebten über alles, was Sie beide bewegt. So werden sich das Vertrauen und die Intimität zwischen Ihnen Schritt für Schritt vertiefen, und Sie vermeiden Missverständnisse.
Denken Sie daran: Im Tantra ist alles erlaubt, was beiden gefällt. Es sollte keine Tabus und keine unnötigen Barrikaden geben, die der Entfaltung Ihrer sexuellen Ekstase im Wege stehen.

»Sich dem anderen blind anvertrauen« – das ist bei diesem Spiel wörtlich zu nehmen.

Verbundene Augen

Verbinden Sie Ihrem Partner die Augen (zum Beispiel mit einem Seidentuch). Indem er kurze Zeit nicht sehen kann, ist er Ihnen stärker ausgeliefert, muss mehr Vertrauen entwickeln und sich auf seinen Tastsinn konzentrieren. Überraschen Sie ihn mit unerwarteten Berührungen, drehen Sie ihn einige Male im Kreis, führen Sie ihn an verschiedene Plätze Ihrer Wohnung, kommen Sie ihm ganz nah, entfernen Sie sich wieder, und beobachten Sie dabei immer seine Reaktionen.

Die Sinne wecken

Auch für diese Übung sollten Sie die Augen Ihres Partners verbinden. Regen Sie seine sinnliche Neugier an, indem Sie sich einige Überraschungen für Gehör-, Geruchs- und Geschmackssinn einfallen lassen. Lassen Sie Ihrer Phantasie freien Lauf: Träufeln Sie Ihrem Partner etwas Wein, Honig, Zitronensaft oder Joghurt auf die Zunge. Oder füttern Sie ihn mit Trauben, Schokolade oder einem Stück würzigem Käse. Lassen Sie in Hörweite Glöckchen, Gongs oder Trommeln ertönen, oder legen Sie Musik auf, die Ihr Partner noch nicht kennt. Flüstern, hauchen, stöhnen oder singen Sie ihm etwas Zärtliches oder Verwegenes ins Ohr. Oder sprechen Sie aus einiger Entfernung so leise, dass er Sie kaum verstehen kann.

Vergessen Sie auch den Geruchssinn nicht: Halten Sie abwechselnd verschiedene Fläschchen mit ätherischen Ölen unter seine Nase. Lassen Sie ihn an Rosen-, Jasmin-, Eukalyptus-, Sandelholz- oder Weihrauchöl schnuppern, bringen Sie Zimtstangen, Schokoladenpudding oder Anisschnaps in die Nähe seiner Nase. Da der Geruchssinn schnell überlastet

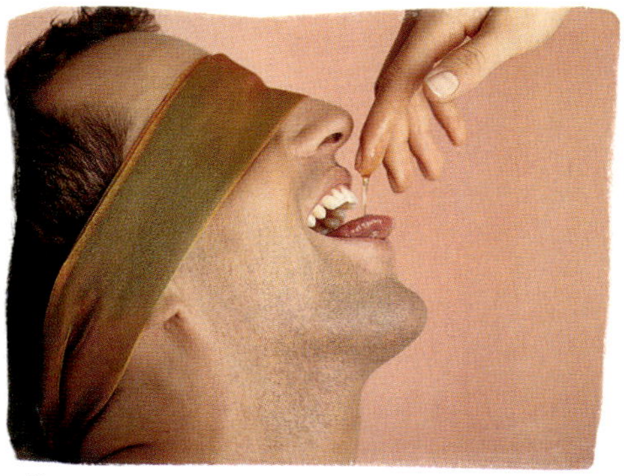

Überraschen Sie Ihren Partner mit immer neuen Köstlichkeiten.

ist, sollten Sie zwischen den einzelnen Düften immer eine kleine Pause einlegen.

Das »HerrscherInnen-Spiel«

Das nächste Spiel kann sehr aufschlussreich sein, da es auf mehr oder minder verborgene sadistische oder masochistische Vorlieben aufmerksam macht und eingefahrene Rollenspiele sprengt. Damit das funktioniert, ist es wichtig, dass die Rollen vertauscht werden: Jeder darf einmal Herrscher, jeder einmal Unterworfener sein. Falls das Los entscheidet, dass Sie zuerst die Führung übernehmen, sollten Sie nicht vergessen, dass der Spieß später umgedreht wird: Und Rache kann süß sein …

Feingefühl entwickeln Verabreden Sie mit Ihrem Partner zunächst die Spielregeln. Für eine festgesetzte Zeit, etwa einen Abend, geschieht alles, was der »Herrscher« oder die »Herrscherin« sich vom anderen wünscht.
Er/sie hat das Sagen, während der Partner sich bedingungslos hingibt. Vertrauen und Zuneigung sind die Sicherheitsanker, die verhindern, dass es dabei zu Belastungen kommt. Sich den Grenzen Ihres Partners so weit wie möglich zu nähern, ohne diese zu überschreiten, ist Sache des Feingefühls. Tauschen Sie sich nach dem Spiel über die Erfahrungen aus.
Der passive Partner sollte verbundene Augen haben. Was der »Herrscher« (die »Herrscherin«) sich vom Partner wünscht, ist Sache persönlicher Vorlieben.

Vielleicht möchte er/sie

- Sie/ihn nackt tanzen oder einen Striptease aufführen sehen
- Sich lange und ausgiebig massieren lassen
- Den anderen in eine ausgefallene Stellung auf das Bett legen, um voyeuristische Gelüste auszuleben
- Den anderen vor sich knien und ein Liebesgedicht aufsagen lassen
- Ihr/ihm »befehlen«, sich selbst zu befriedigen, um dadurch ein paar Tipps für zukünftige Zärtlichkeiten zu bekommen
- Sich ein Lied zärtlich und hingebungsvoll vorsingen lassen
- In wilder Leidenschaft über den anderen »herfallen«

»Putz mal wieder, Schatz!« Auch nicht ganz ernst gemeinte Wünsche sind bei diesem Spiel möglich.

Sicher fallen Ihnen noch viele andere Möglichkeiten ein, die ungewöhnliche Situation einer sehr eindeutigen Rollenaufteilung für Experimente zu nutzen. Einerseits sagt das, was Sie sich als »Herrscher« von Ihrem Partner wünschen, viel über Ihre heimlichen Bedürfnisse aus. Falls Sie »Unterworfener« sind, können Sie aus der Lust, die Ihnen diese Situation bereitet, ebenso lernen wie aus den Widerständen, die Ihr Ego in Bezug auf die Wünsche Ihres Partners aufbauen mag. Oft fällt es einem der Partner leichter, die Führung zu übernehmen, aber viel schwerer, sich bedingungslos hinzugeben, oder umgekehrt.
Auf keinen Fall sollte einer der Partner bei diesem Spiel verletzt werden. Sie sollten sich daher gut genug kennen, um zu wissen, was der andere auf keinen Fall dulden mag. Respektieren Sie in jedem Fall die Grenzen Ihres Partners!

Sinnliche Massagen

Zärtliche Massagen sind eine ideale Vorbereitung auf die tantrische Vereinigung. Sie ermöglichen engen Hautkontakt, regen die sexuellen Energien an und steigern die Lust. Auch wenn Sie im Folgenden einige Grifftechniken kennen lernen, sollten Sie vor allem auf Ihr Gefühl hören, wenn Sie Ihren Partner mit einer Massage verwöhnen.

Behagliche Atmosphäre Für erotische Massagen bieten sich ätherische Öle an. Massagen mit duftenden Ölen sind einfach auszuführen und harmonisieren Körper, Geist und Seele. Sie waren schon im alten Indien bei ayurvedischen Heilanwendungen beliebt. Aromaölmassagen haben den Vorteil, dass die ätherischen Öle sowohl über die Haut als auch über den Geruchssinn aufgenommen werden. Durch die Inhalation der Öle werden Duftreize an das Gehirn gesendet, wodurch innerhalb von Sekundenbruchteilen angenehme Stimmungen erzeugt werden können.

Aromatische Duftmassagen wirken nicht nur schmerzstillend, entgiftend und immunstärkend, sondern auch angstlösend, entspannend oder – je nach verwendetem Öl – erotisierend, potenzstärkend und luststeigernd.

Die besten ätherischen Öle für sinnliche und erotische Momente sind Rose *(Rosa damascena, Rosa centifolia, Rosa gallica)*, Pfeffer *(Piper nigrum)*, Sandelholz *(Santalum album)* und Jasmin *(Jasminum grandiflorum, jasminum officinale)*. Doch auch Ylang-Ylang, Zypresse und Bitterorange wirken aphrodisierend.

Die richtige Mischung

Ätherische Öle dürfen keinesfalls unverdünnt verwendet werden, weil sie teilweise die Haut reizen können. Außerdem sind sie leicht flüchtig, das heißt, sie verdunsten rasch und lösen sich in der Luft auf. Sie müssen deswegen immer mit einem Träger- oder Basisöl vermischt

Eine solche erotische Massage ist ein Genuss für alle Sinne.

werden. Die Essenzen gelangen dann über die Poren der Haut ins Gewebe, in das Lymphsystem und in die Organe. Avocado-, Jojoba- und Mandelöl sind ausgezeichnete Trägeröle. Avocadoöl enthält viele wertvolle Vitamine. Es ist relativ fett, zieht aber schnell in die Haut ein und ist besonders für trockene und empfindliche Haut geeignet.
Jojobaöl wird aus den Samen der Wüstenpflanze Simmondsia chinensis gewonnen und wurde schon von Indianern genutzt. Das Öl, das chemisch gesehen eigentlich ein flüssiges Wachs ist, enthält viele Hautschutzvitamine. Es wirkt entzündungshemmend und eignet sich aufgrund seiner pflegenden Eigenschaften für alle Hauttypen.
Mandelöl wurde schon im Altertum als Heil- und Kosmetiköl eingesetzt. Kaltgepresstes Mandelöl wird selbst von sehr sensibler Haut gut vertragen und eignet sich daher auch für Massagen im Intimbereich. Im Gegensatz zu Jojobaöl, das länger als zwei Jahre haltbar ist, sollten Sie Mandelöl immer nur in kleinen Mengen kaufen und möglichst rasch verbrauchen.
Dosieren Sie ätherische Öle immer niedrig, da es sonst zu Hautreizungen kommen kann. Auf einen Esslöffel Basisöl sollten Sie nur drei bis vier Tropfen ätherisches Öl geben. Bevor Sie ein Massageöl großflächig anwenden, sollten Sie zuvor an einer kleinen Stelle Ihres Unterarms testen, ob möglicherweise eine Allergiebereitschaft vorliegt. In diesem Fall sollten Sie andere Öle verwenden.

Massageöle

Mit der verzaubernden Kraft der Düfte können Sie erotische Massagen nach Ihrem persönlichen Geschmack gestalten. In der folgenden Auflistung finden Sie jene Düfte, die für zärtliche Stunden zu zweit besonders gut geeignet sind.

Rose *(Rosa damascena)* Rosenöl wird meist in Indien, Marokko und der Türkei hergestellt, wobei aus 50 Blüten ein Tropfen Öl entsteht. Es ist ein zarter, sinnlicher Duft, der öffnend und befreiend auf die Chakras wirkt und schnell eine romantische Stimmung zaubert.

Ylang-Ylang *(Cananga odorata)* Schon die Blüten des »Parfumbaumes« verströmen einen orientalischen, süßlichen Duft, den man automatisch mit Sinnlichkeit und Erotik verbindet und der besonders Männer erregt.

Vanille *(Vanilla planifolia)* Die Schoten der Vanille werden meist in Madagaskar angebaut. Der Duft ist ein klassisches Aphrodisiakum, das »die Seele küsst« und vor allem Frauen sanft stimuliert.

Pfeffer *(Piper nigrum)* Das Öl des schwarzen Pfeffers kommt aus Sri Lanka und Indien. Es ist ein wärmendes, stimulierendes, stark anregendes Öl, das die Potenz fördert.

Sandelholz *(Santalum album)* Sandenholz ist eine klassische Ingredienz für tantrische Liebesübungen. Es schafft eine Verbindung zwischen dem Wurzel- und Kronen-Chakra und kreiert damit spirituelle Liebesenergie.

Jasmin *(Jasminum grandiflorum, Jasminum officinale)* Der Jasmin heißt in Indien auch »Königin der Nacht«, weil er auf geheimnisvolle, fast magische Art die Sinnlichkeit anregt. Das Öl verströmt einen warmen, aromatischen Geruch, der Hemmungen abbaut, das Herz öffnet und die sexuelle Lust weckt.

Bitterorange *(Citrus aurantium)* Das Öl der Fruchtschalen der Bitterorange hat ein fruchtiges Aroma, hellt die Stimmung auf und bringt neuen Schwung in die erotische Begegnung.

Neroli *(Citrus aurantium ssp. aur)* Neroli ist das Öl der Blüten des Bitterorangenbaumes, der hauptsächlich in Marokko und Italien angebaut wird. Es ist ein sehr blumiges, aromatisches Öl, das die Lebensenergie anregt.

Lust wecken durch sinnliche Massagen

Im Gegensatz zur klassischen schwedischen Massage geht es bei der sinnlichen Partnermassage nicht vorrangig darum, die Muskulatur zu lockern und die Durchblutung des Gewebes anzuregen. Vielmehr soll die sexuelle Lust geweckt werden: Die Massage sollte Ihrem Shiva oder Ihrer Shakti lustvolle Wonneschauer über den Rücken jagen und die Empfänglichkeit für zärtliche Berührungen erhöhen. Deshalb sollten Sie sehr sanft, einfühlsam und fließend massieren.

Im Mittelpunkt Ihrer Zuwendung sollten die erogenen Zonen stehen. So werden die Körperstellen bezeichnet, deren Stimulierung und Berührung sexuelle Erregung auslösen, da sie mit zahlreichen sensorischen Nervenenden ausgestattet sind. Die erogenen Zonen sind individuell sehr unterschiedlich ausgeprägt.
Im Allgemeinen reagieren Frauen wesentlich empfänglicher auf Berührungen als Männer. Böse Zungen behaupten sogar, dass Männer nur eine erogene Zone kennen – ihren Penis. Dies ist natürlich übertrieben. Abgesehen davon lässt sich die Körpersensibilität bei Mann und Frau durch die richtige Zuwendung steigern. Eine der besten Möglichkeiten dazu bietet die sinnliche Partnermassage.

Sich verwöhnen Neben den Geschlechtsorganen und ihrer direkten Umgebung zählen vor allem Lippen, Ohren, Hals, Brüste, Brustwarzen und Gesäß zu den erogenen Zonen. Aber auch die Hände und Füße sowie der Bauch und die Innenseite der Oberschenkel reagieren oft sehr sensibel auf zarte Streicheleinheiten. Wichtig ist nur, dass Sie die Erregung langsam aufbauen, und das bedeutet, dass Sie natürlich nicht im Intimbereich beginnen sollten! Folgender Ablauf hat sich bewährt und kann als Orientierung dienen.

Gesichtsmassage

Eine Gesichtsmassage wirkt sehr entspannend, da viele Anspannungen im Gesicht »festgehalten« werden. Augenbrauen, Ohren, Lippen und auch die Nasenflügel gehören zu den erogenen Zonen; Sie sollten diesen Bereichen deshalb besonders viel Aufmerksamkeit widmen. Führen Sie langsame, streichende Bewegungen mit Daumen-, Zeigefinger- und Mittelfingerkuppen aus. Streichen Sie sanft an den Augenbrauen ent-

Verwenden Sie nur wenig Öl für die Gesichtsmassage oder eine pflegende Gesichtslotion.

lang, und massieren Sie mit sanften kreisenden Bewegungen die Schläfen. Verwenden Sie für das Gesicht keine ätherischen Öle, sondern reines Mandel-, Jojoba- oder Avocadoöl.

Die Füße

Die Füße und besonders die Fußsohlen reagieren sehr empfindlich auf Berührungen. Wenn Ihr Partner kitzlig ist, sollten Sie ihn in diesem Bereich nicht zu zart berühren, da eine Massage sonst unmöglich wird. Reiben Sie zunächst beide Füße mit der Ölmischung ein. Halten Sie den Fuß mit einer Hand, während Sie mit der anderen streichende Bewegungen an der Fußsohle entlang ausführen. Massieren Sie schließlich jede einzelne Zehe, ziehen Sie sanft an den Zehen, und setzen Sie Daumen und Zeigefinger wie eine kleine Zange ein, um auch die Zehenzwischenräume zu stimulieren.

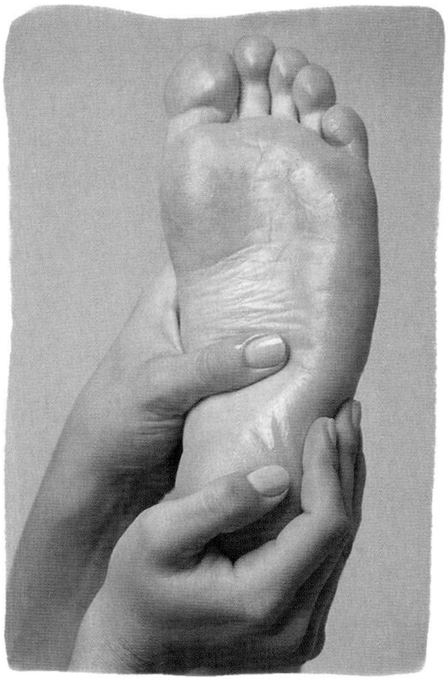

Eine Massage der Fußsohlen wirkt oft besonders intensiv, da dabei viele Reflexzonen stimuliert werden.

Massagetipps für die Praxis

Wichtig ist, dass Sie das Basisöl und das ätherische Öl im richtigen Verhältnis mischen (siehe auch Seite 61). Eigentlich könnten Sie dann gleich mit der erotischen Massage beginnen. Vorsichtshalber wollen wir Ihnen jedoch noch einige kleine Anregungen für die richtige Durchführung an die Hand geben.

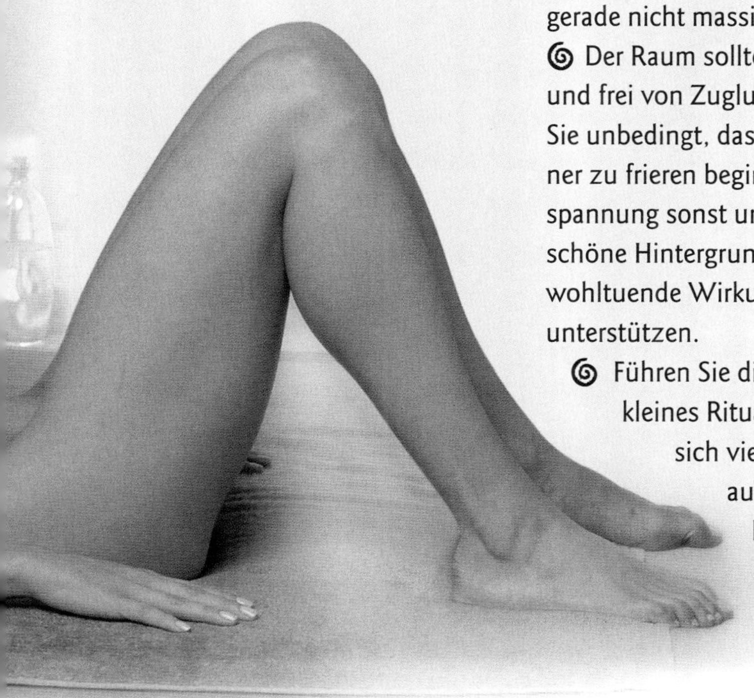

- Führen Sie die Massage auf Ihrem Bett oder Ihrer Liegewiese aus. Legen Sie ein Laken oder ein großes Badetuch unter. Außerdem sollten Sie ein kleines Handtuch zum Abtupfen des überschüssigen Öls in Reichweite haben. Auch eine Decke sollte greifbar sein: Falls Ihr Partner friert, sollten Sie den Teil des Körpers, den Sie gerade nicht massieren, abdecken.
- Der Raum sollte gut aufgewärmt und frei von Zugluft sein. Vermeiden Sie unbedingt, dass Sie oder Ihr Partner zu frieren beginnen, da jede Entspannung sonst unmöglich wird. Eine schöne Hintergrundmusik kann die wohltuende Wirkung der Massage unterstützen.
- Führen Sie die Massage wie ein kleines Ritual durch. Lassen Sie sich viel Zeit. Achten Sie auf eine bequeme Körperhaltung – die Massage darf weder für Sie noch für Ihren Partner unangenehm oder anstrengend werden.
- Sprechen Sie während der Massage nicht miteinander, sondern konzentrieren Sie sich ausschließlich auf die Berührungen, den Atem und die Gefühle, die durch die Massage ausgelöst werden.
- Wärmen Sie Ihre Hände gründlich auf, bevor Sie die Haut Ihres Partners berühren. Träufeln Sie das Massageöl zuerst in Ihre Handfläche, und verteilen Sie es dann auf dem gewünschten Körperbereich.
- Für die Massage von Gesicht und Genitalien gilt, dass Sie hier ganz auf die Beimischung ätherischer Öle verzichten sollten. Wenden Sie hier ausschließlich reines Mandel- oder Jojobaöl an.
- Verzichten Sie bei Hauterkrankungen, Krampfadern, Venenentzündungen, akuten fiebrigen Erkrankungen oder schweren Herzleiden grundsätzlich auf Massagen.

Rücken und Po

Rücken und Gesäß sind klassische Massagebereiche. Hier können Sie Ihren Partner auch einmal ein bisschen intensiver massieren, um Verspannungen zu lösen. Streichen Sie das Massageöl zunächst mit langsamen, gleitenden Griffen auf Rücken und Po. Dieses beruhigende, gleichmäßige Streichen wird auch als »Effleurage« bezeichnet. Streichen Sie dabei mit den flachen Händen langsam vom Nacken aus zum Gesäß. Massieren Sie den Po mit zarten kreisenden Bewegungen, mal mit den Knöcheln, mal mit den Fingerkuppen. Besonders empfindlich sind der

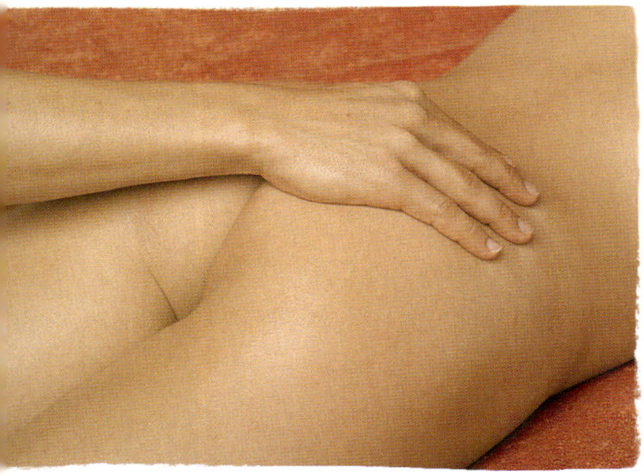

Massieren Sie den Rücken ruhig etwas kräftiger, den Übergang zum Po wieder ein wenig sanfter.

Bereich zwischen den Pobacken sowie der Übergang zwischen Gesäß und Oberschenkeln.

Brust

Nicht nur Frauen, sondern auch Männer reagieren oft mit Wohlbehagen und Lustgefühlen, wenn die Brust zart gestreichelt wird. Während jedoch Männer im Brustbereich auch etwas kräftiger massiert werden können, sollte der weibliche Busen grundsätzlich sehr behutsam behan-

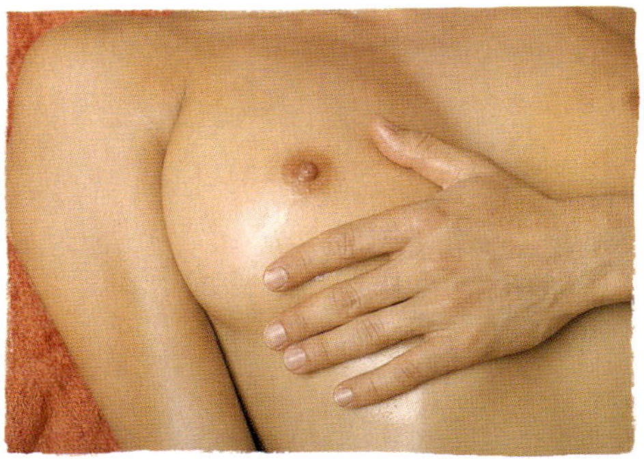

Streicheln Sie den Busen Ihrer Partnerin bei der erotischen Massage besonders sanft und zärtlich.

delt werden. Verwenden Sie hier besonders viel Öl, damit Ihre Handflächen möglichst leicht und sanft über die Haut gleiten können. Führen Sie vor allem kreisende Bewegungen mit wenig Druck aus, oder benützen Sie die Fingerspitzen, um Striche und Kreise über die Brust zu ziehen. Vergessen Sie nicht, auch die Brustwarzen zu stimulieren. Das tun Sie am besten mit den Fingerkuppen von Zeige- und Mittelfinger, die Sie langsam um und auf den Brustwarzen kreisen lassen.

Bauch, Hüften und Oberschenkel

Nachdem Sie die Brust Ihres Partners zart massiert haben, können Sie sich langsam dem Intimbereich nähern. Stellen Sie sich vor, dass Bauch, Hüften und Oberschenkel einen großen Ring um die Geschlechtsorgane bilden, den Sie zuerst »erobern« müssen, bevor Sie ins Zentrum der Lust vordringen dürfen.

Verstreichen Sie das Massageöl zunächst um den Bauchnabel herum. Legen Sie beide Hände flach ober- und unterhalb des Bauchnabels, und massieren Sie den Bauch mit langsamen, im Uhrzeigersinn kreisenden Bewegungen. Üben Sie dabei keinen Druck aus, sondern lassen Sie die Handflächen wie sanfte Katzenpfoten über die Haut gleiten. Gehen Sie dann von der Bauchmassage gleich zur Massage der Hüften und Oberschenkel über. Stimulieren Sie vor allem die Innenseiten der Oberschenkel, und zwar vom Knie ausge-

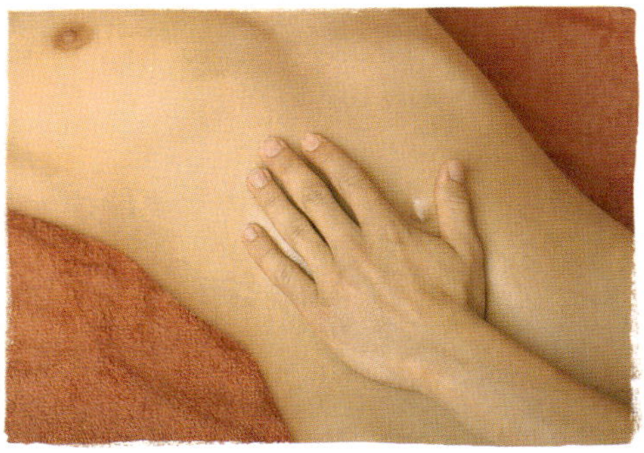

Umkreisen Sie behutsam den Nabel, bevor Sie in noch intimere Regionen vordringen.

hend nach oben in Richtung der Genitalien. Bitten Sie Ihren Partner gegebenenfalls, die Beine ein wenig zu öffnen, damit Sie Innen- und Unterseite der Oberschenkel besser massieren können.

Leicht wie eine Feder Im Bereich von Brust, Bauch und Oberschenkeln können Sie das so genannte Federn ausprobieren: Bei dieser Massagetechnik darf die Haut nur leicht gestreift werden. Ihre Hände sollten beim »Federn« vollkommen entspannt sein. Streichen Sie mit den Fingerspitzen federleicht über die Haut, und zwar am besten mit beiden Händen abwechselnd.

»Yoni« und »Lingam«

Den Abschluss und Höhepunkt des sinnlichen Massageprogramms bildet die Stimulierung der Geschlechtsorgane. Gerade in diesem Bereich ist es wichtig, besonders einfühlsam und zärtlich vorzugehen. Darüber hinaus sind bei der Massage der weiblichen Scham, der »Yoni«, beziehungsweise des Penis, des »Lingam«, noch einige weitere Punkte zu beachten. Benützen Sie im unmittelbaren Bereich der Geschlechtsorgane niemals ätherische Öle, da es hier besonders leicht zu Haut- oder Schleimhautreizungen kommen kann! Stattdessen sollten Sie nur reines Basisöl verwenden – am besten eignet sich das besonders hautfreundliche Mandelöl. Gehen Sie ruhig großzügig mit dem Öl um, denn dies erzeugt nicht nur angenehme Gefühle, es ist auch gut für die Haut.

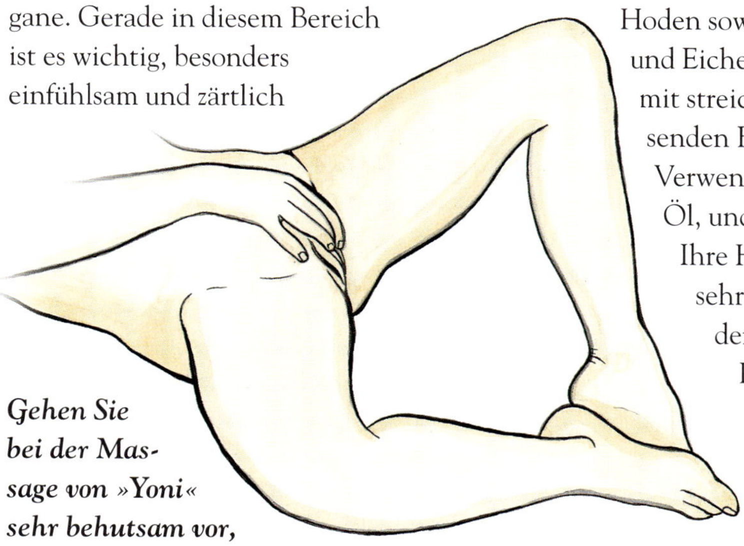

Gehen Sie bei der Massage von »Yoni« sehr behutsam vor, und achten Sie auf die Reaktion Ihrer Partnerin.

Sinnlichkeit wahrnehmen
Bedenken Sie, dass die sinnliche Massage vor allem eine Vorbereitung auf die tantrische Vereinigung ist. Sie ist ein Teil, nicht aber der Abschluss des Liebesspiels. Die folgenden erotischen Handgriffe dienen dazu, die sexuelle Energie Ihres Partners zu steigern und die gegenseitige sinnliche Wahrnehmung zu verbessern.

Frauen stimulieren Damm, Hoden sowie Penisschaft und Eichel ihres Partners mit streichenden, kreisenden Bewegungen. Verwenden Sie viel Öl, und lassen Sie Ihre Hände zunächst sehr zärtlich über den Penis gleiten. Der Mann verwöhnt sein Partnerin am besten, indem er zunächst ausreichend Öl über ihre gesamte Scham verteilt. Mit den Fingerkuppen von Zeige-, Mittel- und Ringfinger wird das Öl dann vorsichtig über die großen und kleinen Schamlippen verteilt. Führen Sie dazu auf- und abstreichende Bewegungen aus. Verteilen Sie das Öl anschließend über der Klitoris. Gehen Sie hier sehr behutsam vor, und wenden Sie kreisende und vibrierende Bewegungen an, ohne dabei stärkeren Druck auszuüben.

Sich Zeit lassen Nehmen Sie sich für die sanfte Massage der Geschlechtsorgane besonders viel Zeit. Achten Sie zwischendurch immer wieder auf die Reaktionen Ihres Partners.

Bei sinnlichen Massagen – wie übrigens auch bei der sexuellen Befriedigung des Partners – schleichen sich gerne einmal festgefahrene Rollen ein, so dass ein Partner gewohnheitsmäßig dazu neigt, den aktiven Part zu übernehmen, während der andere eher passiv bleibt. Achten Sie insgesamt auf ein ausgeglichenes Verhältnis.

Sich gegenseitig verwöhnen Im Tantra ist es sehr wichtig, dass Sie nicht nur Ihren eigenen Körper, sondern auch den Ihres Partners erkunden. Geben und Nehmen sollten in einem harmonischen Gleichgewicht bleiben. Im Allgemeinen fühlt sich der massierende Partner eher als der Gebende, während der passive etwas »bekommt«. Doch im Tantra sollten wir Begriffe wie »Geben« und »Nehmen« hinter uns lassen, denn es geht letztlich um den Austausch von Energien. Wenn Sie beim Massieren entspannt bleiben, spüren Sie, dass Sie dabei auch etwas »zurückbekommen«. Und wenn Sie selbst massiert werden, sollten Sie sich bewusst bleiben, dass Sie Ihrem Partner dabei auch etwas schenken: die Möglichkeit, in der Zweisamkeit wunderbare Erfahrungen zu sammeln.

Beginnen Sie die Massage des »Lingam« sehr zärtlich, und intensivieren Sie sie dann.

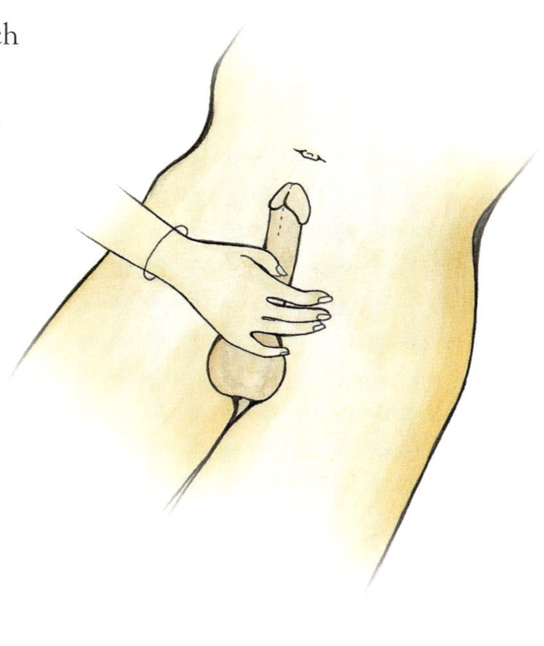

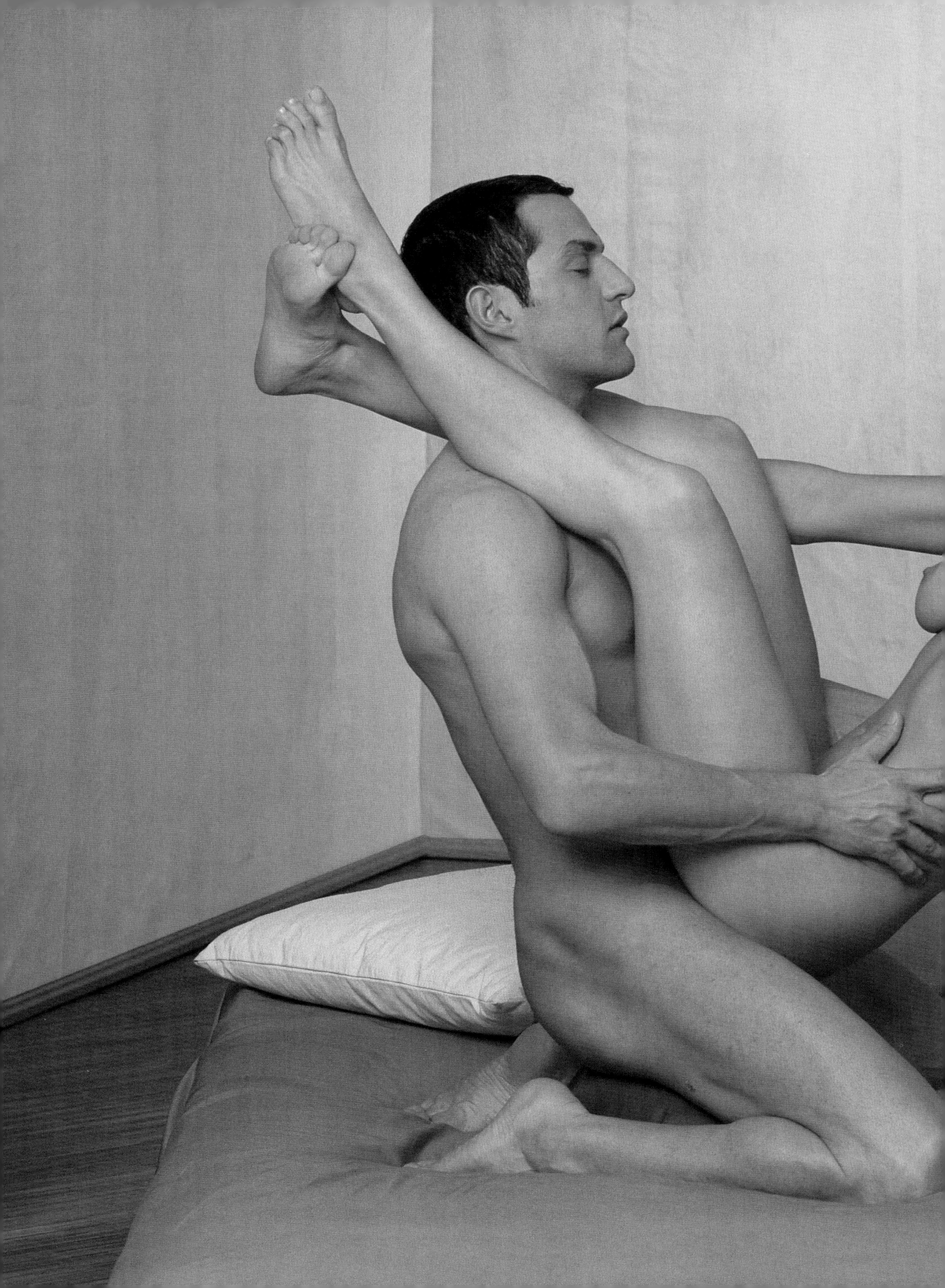

Tantrische Vereinigung

Ziel und Höhepunkt des Tantra liegen in der tantrischen Vereinigung von Mann und Frau. Diese Vereinigung unterscheidet sich jedoch wesentlich von »gewöhnlichem« Geschlechtsverkehr. Es geht hier nicht um rasche Lustbefriedigung, sondern um die Erweiterung und Sensibilisierung des Bewusstseins. Und nur wenn der Geschlechtsakt als Ritual – also bewusst, meditativ und mit viel Zeit – vollzogen wird, kann es zur »großen Verschmelzung« kommen, die das Ziel des Tantra ist.

Innig verschmelzen

Im Tantra geht es nicht nur um die körperliche Vereinigung von Mann und Frau, sondern auch um eine seelische und geistige. Sinn und Zweck des Tantra ist deshalb nicht, möglichst exotische Stellungen auszuprobieren, sondern mit dem geliebten Partner zu einer Einheit zu verschmelzen.

Ziel aller Tantra-Yoga-Techniken, sinnlichen Spiele und erotischen Massagen ist die Vorbereitung auf die tantrische Vereinigung. Im Folgenden lernen Sie die wichtigsten klassischen Liebesstellungen kennen. Sie stammen hauptsächlich aus den Hauptschriften des Tantra, dem Kamasutra und dem Ananga-Ranga. Ähnlich wie die Yoga-Asanas sollten auch alle Tantra-Stellungen meditativ durchgeführt werden. Deshalb ist es anfangs auch nicht sinnvoll, sich gleich an den schwierigsten Stellungen zu versuchen. Beschränken Sie sich während einer »Tantra-Sitzung« zunächst auf ein bis zwei Liebeshaltungen. Später können Sie die Stellungen mit Ihrem Partner öfter wechseln, doch sollten Sie dies möglichst fließend und nicht zu abrupt vollziehen.

Nach innen gehen Die Tantra-Stellungen dienen übrigens nicht nur der sexuellen Vereinigung, sie erhöhen auch die Flexibilität von Muskeln und Sehnen, fördern die Durchblutung der inneren Organe und verbessern die Sauerstoffversorgung der Zellen.
Im Vordergrund sollte bei der tantrischen Vereinigung aber immer der spirituelle Aspekt stehen. Während Sex üblicherweise nach außen gerichtet ist, wird die Aufmerksamkeit im Tantra nach innen gelenkt.

Die Verschmelzung von Mann und Frau findet hierbei nicht nur auf der Ebene des Körpers, sondern auch auf der von Herz, Seele und Geist statt. Wird der sexuelle Akt im Sinne des Tantra bewusst vollzogen, kommt es mitunter zu außergewöhnlich ekstatischen Gefühlen. Das geschieht unter anderem aufgrund eines inneren Energieaustausches und einer gegenseitigen Aktivierung der Chakras.

Geben Sie sich bewusst der Zweisamkeit hin.

Das Tantra-Ritual

Es gibt verschiedene Möglichkeiten, die tantrische Vereinigung zu ritualisieren. Finden Sie gemeinsam Ihr ganz individuelles Ritual.

Tantra-Rituale können sehr unterschiedlich verlaufen: Sie können in Anwesenheit eines Gurus, als Gruppenritual oder in trauter Zweisamkeit durchgeführt werden. Sie können eine Stunde oder mehrere Tage dauern, können nach festen, bis ins Detail vorgeschriebenen Regeln ablaufen oder vollkommen frei von Vorschriften sein.
Wie Ihr Tantra-Ritual aussehen soll, bestimmen nur Sie und Ihr Partner. Tantra ist die Philosophie der Lebenslust – strenge Regeln sind hier deshalb unangebracht. Der Unterschied zwischen dem alltäglichen, oberflächlichen Koitus und der tantrischen Verschmelzung besteht vor allem in der Atmosphäre, der bewussten inneren Haltung sowie der Gestaltung und Dauer.

Die Atmosphäre Im Kapitel »So zaubern Sie eine tantrische Atmosphäre« (siehe Seite 48ff.) haben Sie bereits erfahren, wie Sie Ihren Liebestempel sinnlich vorbereiten können. Durch Düfte, Musik, Farben, Licht, Wärme, Blumen, kuschelige Decken und schöne Kissen können Sie alles stimmungsvoll verwandeln.
Die bewusste innere Haltung Die richtige Einstellung und Haltung haben Sie bereits, da Sie sonst kaum zu einem Tantra-Buch gegriffen hätten und gar nicht auf der Suche nach einer Verwandlung und Belebung Ihres Sexuallebens wären! Durch die Tantra-Yoga-Übungen, Atemtechniken und Partnerspiele können Sie zudem Körper, Seele und Geist auf Tantra vorbereiten.
Nützlich kann es auch sein, über das kosmische Prinzip zu meditieren, das der ewigen Anziehung zwischen Mann und Frau und der Sehnsucht nach Vereinigung zugrunde liegt: die Aufhebung der Dualität durch Verschmelzung. Diese Meditation kann ebenfalls dazu beitragen, dass Sie zu einer bewussten inneren Haltung finden.
Gestaltung und Dauer Obwohl Sie in Bezug auf die Gestaltung Ihres persönlichen Tantra-Rituals kreativ und experimentierfreudig sein sollten, kann es vor allem anfangs hilfreich sein, sich am folgenden Beispiel für ein Ritual zu orientieren. Für die Dauer des rituellen Geschlechtsverkehrs gilt: Je länger, desto besser (siehe dazu auch Seite 80).

So könnte Ihr Ritual aussehen

Nehmen Sie sich für Ihr Ritual unbedingt genug Zeit! Eine Stunde ist das Minimum, besser ist es aber, sich einen ganzen Abend für Tantra zu reservieren.
Manche Paare lieben sich besonders gern morgens, andere abends oder mitten in der Nacht. Vor allem im Urlaub und an Wochenenden können Sie verschiedene Tages- und Nachtzeiten ausprobieren und herausfinden, ob Sie eher Tageslicht brauchen oder »Tantra bei Mondenschein« bevorzugen.
Stellen Sie einige symbolische Gegenstände für das Liebesspiel bereit:

- Einen Leuchter mit zwei brennenden Kerzen
- Zwei schöne Gläser
- Eine Karaffe mit frischem Wasser
- Eine kleine Karaffe mit Rotwein
- Ein Stück Brot

Außerdem sollten Sie noch etwas Fisch und ein Stück Fleisch auf einen

Ein ansprechendes Ambiente gehört unbedingt zum Tantra-Ritual.

Teller legen. Natürlich müssen Sie sich vor dem Ritual nicht an den Kochtopf stellen. Ein Stück Räucherlachs und zwei Scheiben Parmaschinken genügen bereits. Es geht dabei schließlich nicht darum, sich den Bauch zu füllen, sondern vielmehr um die symbolische Bedeutung. Im Tantra repräsentiert der Wein das

Feuer der Leidenschaft, das Fleisch das Element Luft, der Fisch das Element Wasser, das Brot die Erde. Die beiden brennenden Kerzen sind Symbol für das Licht der beiden Seelen, die sich zur tantrischen Vereinigung zusammengefunden haben.

Sich verwöhnen Warten Sie nach einer Hauptmahlzeit mindestens zwei Stunden, bevor Sie mit dem Ritual beginnen. Duschen oder baden Sie dann mit Ihrem Partner, seifen Sie sich gegenseitig ein, trocknen Sie einander ab, und cremen Sie sich mit duftenden Pflegemitteln ein, oder führen Sie eine sinnliche Massage durch (siehe Seite 60ff.).

In die Seele blicken Betreten Sie Ihren Liebesraum gemeinsam, Hand in Hand, unbekleidet und ohne zu sprechen. Stellen Sie sich einander gegenüber, und begrüßen Sie sich mit einer Verneigung (siehe Seite 52). Setzen Sie sich dann in den Schneider- oder Yoga-Sitz, und blicken Sie sich mindestens eine Minute lang tief in die Augen, wobei Sie sich an den Händen halten sollten (siehe Seite 55).

Singen Sie auf ein vereinbartes Zeichen dreimal gemeinsam das Mantra »Om« – einmal für die kosmische Göttin, die weibliche Urenergie, einmal für den kosmischen Gott, die männliche Urenergie, und zuletzt für die universelle Einheit, die durch die Vereinigung erreicht werden kann.

Das »dritte Auge« Nun spricht der Mann dreimal leise das Mantra »Om Nahma Shaktia«, zugleich malt er seiner Shakti einen roten Punkt auf die Mitte der Stirn, um das »dritte Auge«, den Sitz des kosmischen Bewusstseins, zu markieren. (Am besten verwenden Sie dazu Henna oder Kum-Kum-Pulver.) Auf diese Weise begrüßt der Mann seine Geliebte und »weiht« sie für die Vereinigung. Anschließend spricht die Frau dreimal das Mantra »Om Nahma Shivaya«, während auch sie dabei die Stirn ihres Partners mit einem Punkt bemalt (»Mantras« siehe Kasten rechte Seite). Führen Sie anschließend gemeinsam dreimal die Atemtechnik »Die Kundalini aufsteigen lassen« durch (siehe Seite 34f.). Trinken Sie gemeinsam etwas Wein und Wasser, und essen Sie ein wenig Fleisch, Fisch und Brot.

Legen Sie sich schließlich zusammen auf Ihr Bett oder Ihre Liegewiese, um sich zu streicheln, zu küssen, miteinander zu schlafen und gemeinsam den Höhepunkt des »Maithuna-Rituals« zu genießen.

Stimmen Sie sich gemeinsam auf Ihre zärtliche Begegnung ein.

Liebesstellungen

Entscheiden Sie immer wieder gemeinsam, welche Tantra-Position Ihrer individuellen Situation am besten entspricht, und probieren Sie auch immer wieder einmal etwas Neues aus.

Sie lernen auf den folgenden Seiten die wichtigsten Tantra-Stellungen kennen. Suchen Sie sich zunächst die einfachsten und bequemsten Positionen heraus. Finden Sie heraus, welche Stellungen Ihnen und Ihrem Partner am meisten Lust und Freude bereiten. Positionen, in denen der Mann auf der Frau liegt, ermöglichen ihr wenig Spielraum. Umgekehrt kann sich die Frau frei entfalten, wenn sie die Führung übernimmt und auf dem Mann sitzt oder liegt. Seitliche Stellungen sind wahrscheinlich die bequemsten und rückenfreundlichsten. Sitzende Positionen erlauben ein Höchstmaß an Wachheit und Bewusstheit und werden im Tantra besonders häufig eingesetzt – rhythmische Beckenbewegungen sind dabei jedoch relativ schwierig. Stehende Positionen sind eher etwas für Ausnahmefälle, können aber bei einer sehr leichten Partnerin und einem kräftigen Mann problemlos ausgeführt werden.
Oft führen erstarrte Rollenverteilungen zu einseitigen Positionen. Wenn der Mann zum Beispiel nur Lust empfinden kann, wenn seine Partnerin auf dem Bauch liegt – eine Stellung, die sehr stark das »Ausgeliefertsein« betont –, wäre es besonders wichtig, dieses Muster zu durchbrechen und neue Stellungen auszuprobieren. Tauschen Sie sich immer wieder mit Ihrem Partner über Gefühle und Stimmungen bei bestimmten Liebesstellungen aus.

Nähe und innige Verschmelzung sind bei Tantra sehr wichtig.

Mantras

Mantras sind heilige Laute – Urklänge, die meist keine direkte Bedeutung haben, aufgrund ihrer Energie spendenden Schwingungen jedoch für die Meditation eingesetzt werden. Auch Tantra bedient sich einiger Mantras, um bestimmte Stimmungen oder spezielle körperliche und seelische Reaktionen hervorzurufen. »Om« ist wohl das bekannteste aller Mantras. Es wird als allgemeine Einstimmung gesungen, um Frieden und Konzentration zu schaffen. Mit dem Gruß-Mantra »Om Nahma Shaktia« begrüßt der Mann seine Partnerin, mit »Om Nahma Shivaya« die Frau ihren Partner. Es genügt, die Mantras sehr leise zu sprechen. Sie sollten jedoch entspannt und mit lang gezogenen Vokalen »gesungen« werden.
Zwei weitere Mantras sind im Tantra von Bedeutung. Das eine lautet »Om Adi Om«; Sie können es innerlich wiederholen, um Ihre Lust anzuregen, denn es wirkt sexuell stimulierend. Gleichzeitig sollten Sie Ihr Bewusstsein auf die Geschlechtsorgane richten und sich das Bild einer anregenden sinnlichen Szene vor Ihr inneres Auge holen, also erotische Phantasie einsetzen. (Im Tantra wurden neben Mantras auch bildliche Symbole, die so genannten Yantras, eingesetzt.) Das zweite Mantra, das Sie während des Liebesaktes einsetzen können, lautet »Pa Da Omam«. Im Gegensatz zum vorigen dient es dazu, Ihre Erregung zu bremsen, falls Sie Gefahr laufen, zu schnell zum Orgasmus zu kommen. Während Sie das Mantra innerlich mehrmals wiederholen, sollten Sie sich auf Ihr Herz-Chakra in der Mitte der Brust konzentrieren.

»Uttana«

Bei den unter dem Begriff »Uttana« zusammengefassten Positionen liegt die Frau auf dem Rücken. Neben der sehr bekannten Missionars-Stellung gibt es im Tantra noch verschiedene andere Liebespositionen, bei denen der Mann entweder vor seiner Geliebten kniet oder auf ihr liegt, um in sie einzudringen.

Weite Scheren-Stellung

Der Mann kniet oder sitzt vor seiner Geliebten, die ihre Beine wie eine Schere öffnet, indem sie ein Bein auf dem Bett liegen lässt und das andere auf die Schulter ihres Partners legt. Der Mann kann bei dieser Stellung

Bei der weiten Scheren-Stellung ist der Mann der aktive Part.

die Beine seiner Shakti behutsam weiter öffnen, indem er seine Hände um das Fußgelenk des nach oben gestreckten Beines legt und sanften Druck ausübt.

Enge Scheren-Stellung

Der Mann kniet oder sitzt wieder vor der Frau, deren Beine ähnlich wie bei der weiten Scheren-Stellung geöffnet sind. Bei dieser Position werden die Beine jedoch weniger gespreizt, sondern bleiben etwas enger zusammen. Der Mann kann mit den Händen liebevoll die Brüste oder Oberschenkel seiner Partnerin streicheln.

Geöffnete Rosenblüten

Ausgestreckt auf dem Rücken liegend, spreizt die Frau ihre Beine und legt ihre Arme über den Kopf. Ihr Partner liegt flach auf ihr, seine

Dabei können beide Partner den intensiven Hautkontakt genießen.

Beine sind ebenfalls gespreizt, so dass die Beine der Liebenden sich berühren. Der Mann hält die Hände seiner Shakti. In dieser auch als »Samarachak« bezeichneten Stellung laden sich die Chakras des Paares durch den intensiven Hautkontakt besonders stark auf.

Auch in der Position der engen Scheren-Stellung gibt sich die Frau ihrem Liebhaber ganz hin.

Geöffnete Schaukel

Die Ausgangslage ähnelt der der Halbmond-Stellung (siehe rechts). Die Frau setzt ihre Füße jedoch nicht auf die Brust ihres Geliebten, sondern legt sie auf seine Schultern. Dabei werden ihre Beine weit gespreizt, was dem Mann das Eindringen erleichtert. Die Reibung und der Kontakt zwischen Vagina und Penis sind hierbei jedoch weniger intensiv.

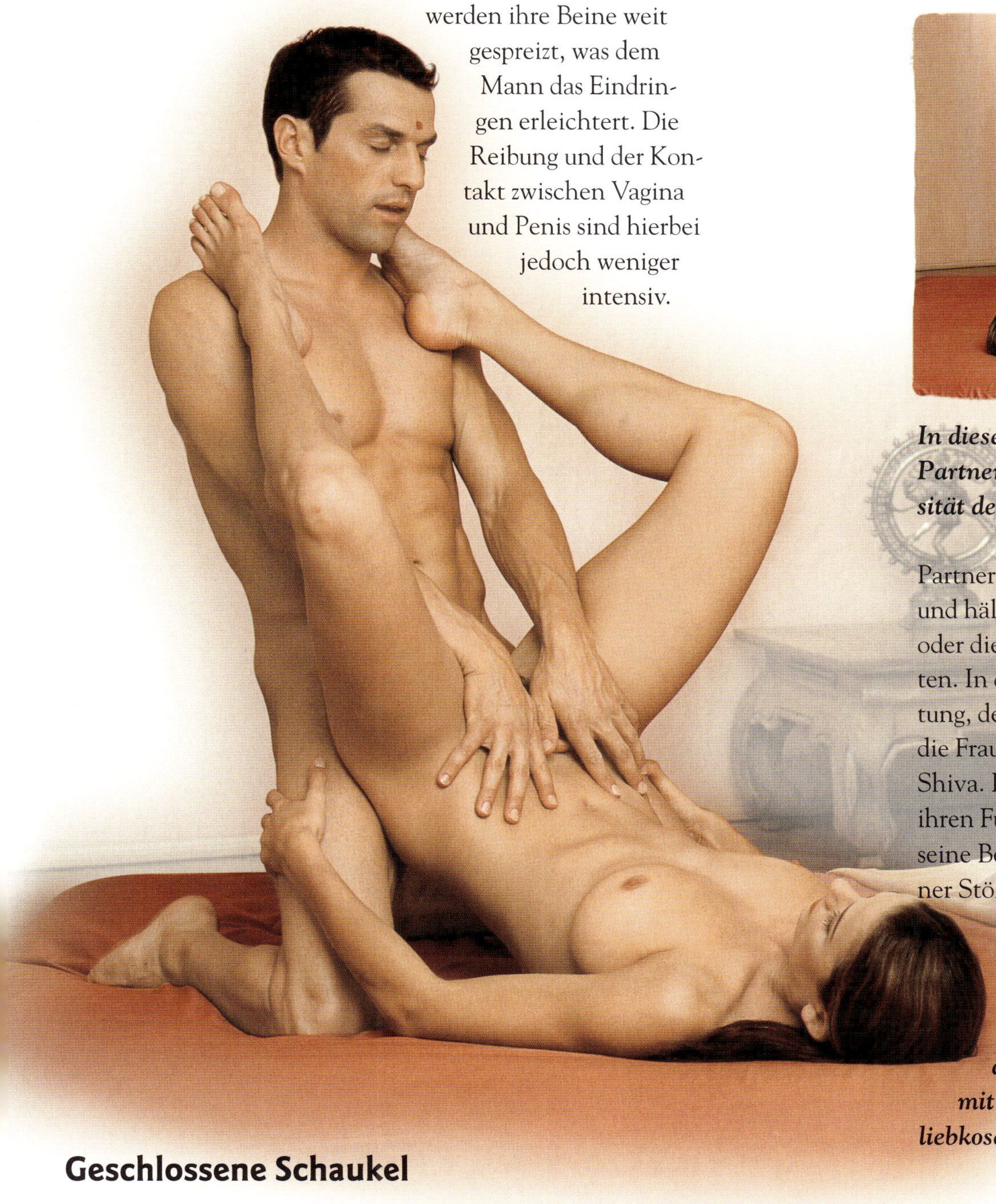

Halbmond-Stellung

Auf dem Rücken liegend, winkelt die Frau ihre Beine an und zieht die Oberschenkel zu ihrer Brust. Ihr

In dieser Stellung können beide Partner gleichermaßen die Intensität des Liebesspiels beeinflussen.

Partner kniet dicht vor ihrem Gesäß und hält das Becken, die Fußgelenke oder die Oberschenkel seiner Geliebten. In dieser hingebungsvollen Haltung, der »Avidaritha-Asana«, setzt die Frau ihre Füße auf die Brust ihres Shiva. Indem sie den Druck mit ihren Fußsohlen variiert, kann sie seine Bewegungen und die Tiefe seiner Stöße lenken.

In dieser Position kann der Mann seine Partnerin mit beiden Händen zärtlich liebkosen.

Geschlossene Schaukel

Diese Liebesposition ist eine Variante der »geöffneten Schaukel«. Allerdings legt die Frau dabei nicht ihre Füße, sondern die Unterschenkel auf den Schultern ihres Partners ab. Bei der »geschlossenen Schaukel« muss die Wirbelsäule der Frau sehr biegsam sein. Der Mann sollte seinen Oberkörper anfangs nicht zu weit nach vorn beugen, um den Rücken seiner Partnerin nicht zu stark zu belasten. Ein Kissen, das unter das Becken der Shakti gelegt wird, macht diese Stellung für die Frau bequemer.

So spüren sich die Liebenden ganz besonders intensiv.

»Lingam«-Presse

In dieser Haltung liegt die Frau mit angezogenen Beinen auf dem Rücken. Ihr Partner kniet vor ihr, dringt in sie ein und presst dabei ihre Oberschenkel zusammen. Dadurch spüren beide den Kontakt zwischen »Lingam« und »Yoni« sehr intensiv. In dieser Stellung kann die Frau die Muskulatur ihrer »Yoni« kräftig und rhythmisch zusammenziehen. Die im Tantra als »Sputhma Bandha« bekannte Stellung ermöglicht auch Männern mit einem kleineren Penis das Gefühl tiefen Eindringens. Für Männer, die schnell zum Samenerguss kommen, eignet sich die »›Lingam‹-Presse« dagegen nicht.

Sitar-Stellung

Der Mann kniet oder hockt vor seiner Partnerin, die auf dem Rücken vor ihm liegt. Er dringt in sie ein, sie schließt ihre Beine und hebt sie gestreckt nach oben. Um die Stellung zu erleichtern, kann die Shakti ihre Beine an den Oberkörper und die Schultern ihres Shiva lehnen. Die Sitar-Stellung ermöglicht ein tiefes Eindringen, schränkt die Bewegungsfreiheit der Frau allerdings sehr stark ein, so dass bei dieser Stellung fast ausschließlich der Mann aktiv ist.

Sie gibt sich ganz hin: Der Geliebte kann tief in sie eindringen.

Missionars-Stellung

Die auch bei uns als Missionars-Stellung bekannte Liebeshaltung gehört zu den klassischen Tantra-Positionen und wird im Sanskrit als »Saumya Bandha« bezeichnet. Dabei liegt die Frau bequem auf dem Rücken, ihr Partner liegt zwischen ihren gespreizten Beinen, und sie kann ihn in Höhe der Oberschenkel oder des Gesäßes mit ihren Beinen umschlingen.

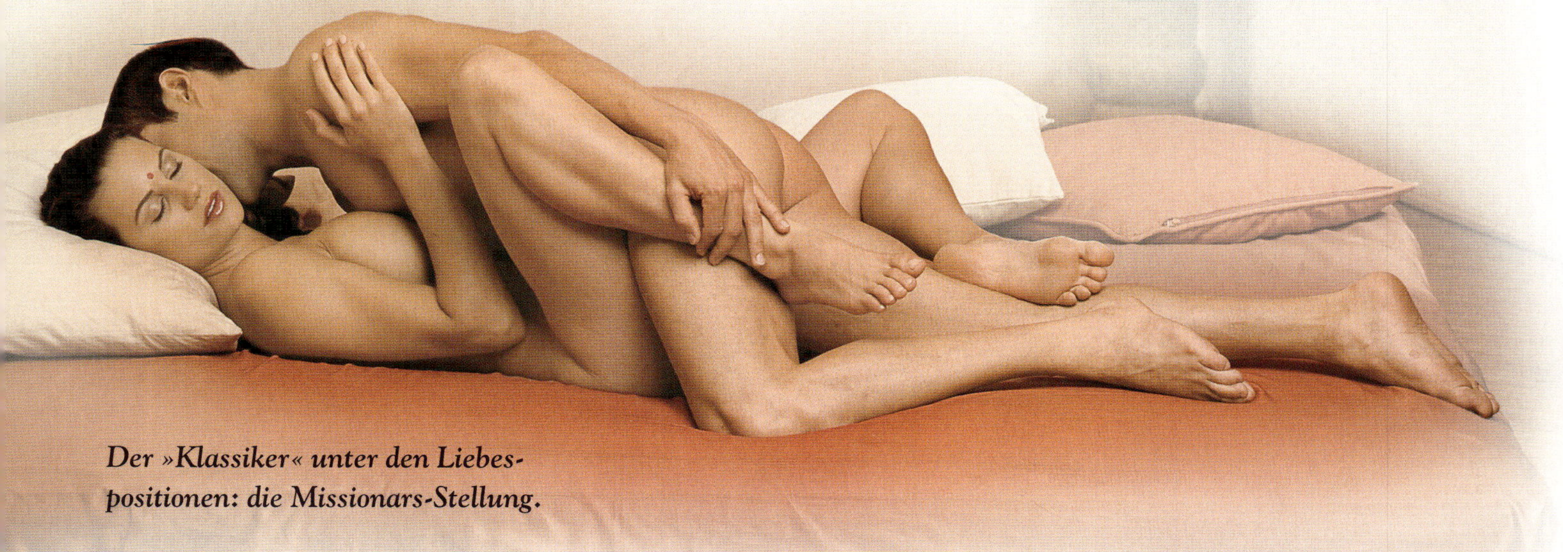

Der »Klassiker« unter den Liebespositionen: die Missionars-Stellung.

»Yoni« der Hingabe

In dieser Stellung reicht die Frau ihrem Geliebten ihre »Yoni« hingebungsvoll dar. Sie öffnet sich ihm ganz, indem sie ihre Beine weit öffnet und ihre Unterschenkel oder Knöchel mit den Händen hält. Ist die Frau sehr gelenkig, kann sie ihre Oberschenkel neben ihrem Becken ablegen. Der Mann kniet vor seiner Partnerin und übernimmt die Führung. Die »›Yoni‹ der Hingabe« kann für die Frau sehr erregend sein, da es dabei zu einer starken Stimulierung der Klitoris kommt.

In dieser Stellung genießt die Frau, dass ihr Partner sie verwöhnt.

Die pressende Stute

Die auch als »Puhapakad« bekannte Haltung eignet sich für Paare, bei denen die Vagina der Frau sehr weit, sein Penis hingegen nicht so groß ist. Die Frau liegt auf dem Rücken und spreizt zunächst die Beine, um ihrem Geliebten das Eindringen zu ermöglichen. Danach schließt sie die Beine, so dass sie den Penis ihres Partners intensiv pressen kann. Der Mann liegt flach auf seiner Shakti, hält ihre Hände oder stützt das Gewicht seines Oberkörpers mit den Händen und Armen ab, seine Oberschenkel sind geöffnet.

So spürt er sie noch intensiver als sonst.

»Vyata Asana«

Bei den hier beschriebenen Liebesstellungen liegt die Frau auf dem Bauch oder kniet vor dem Mann. Dabei ist das Gefühl des Vertrauens und des »Ausgeliefertseins« für die Frau besonders stark. Das kann Ihrem gemeinsamen Liebesspiel hin und wieder einen zusätzlichen Reiz verleihen.

Geschlossene Tiger-Haltung

Die Frau kniet mit geschlossenen Beinen vor ihrem Geliebten. Der Mann kniet mit weit geöffneten Beinen hinter seiner Partnerin. In der »geschlossenen Tiger-Haltung« ist der Kontakt zwischen Penis und Vagina sehr intensiv, der Mann kann allerdings nicht ganz so tief eindringen wie in der »geöffneten Tiger-Haltung« (siehe unten).

Variationen

Bei beiden Tiger-Haltungen kann die Frau sich auch auf den Ellbogen abstützen, statt Kopf und Oberkörper auf das Bett zu legen. Die aufgestützte Variante der Tiger-Haltung, bei der die Frau ihren Oberkörper waagerecht hält, belastet die Wirbelsäule nicht so stark wie die Stellung im Liegen (siehe unten). Außerdem kann der Mann so die Brüste seiner Partnerin ausgiebig liebkosen.

Eine Variante der Tiger-Haltung, bei der das Liebespaar sich besonders intensiv wahrnimmt.

Geöffnete Tiger-Haltung

Diese Liebesposition ähnelt der »geschlossenen Tiger-Haltung«. Die Frau kniet auch hier vor ihrem Geliebten, jedoch mit gespreizten Beinen. Während Kopf und Oberkörper tief gesenkt sind, hebt sie Becken und Gesäß möglichst hoch und signalisiert ihrem Partner damit ihre Lust sowie vollkommene Hingabe. Der Mann kniet hinter seiner Partnerin, seine Beine sind nahezu geschlossen. In dieser Stellung kann Shiva den Rücken oder den Po seiner Geliebten zärtlich streicheln und massieren.

Tiefes Eindringen ermöglicht die »geöffnete Tiger-Haltung«.

Geöffnete Elefanten-Stellung

Bei der im Sanskrit als »Gajasava« bezeichneten Haltung liegt die Frau flach auf dem Bauch, ihre Beine sind gespreizt, sie schaut zur Seite. Die ohnehin bequeme Stellung fällt noch leichter, wenn ein großes Kissen unter das Becken der Frau geschoben wird, so dass ihre Hüften leicht angehoben werden. Der Mann, der von hinten in seine Geliebte eindringt und zwischen ihren Beinen liegt, kann sein Körpergewicht mit den Händen und Armen abstützen oder sich flach auf seine Partnerin legen und mit einer Hand zärtlich den Körper seiner Shakti streicheln.

Die Frau kann sich in dieser Position völlig dem Genuss hingeben.

Liebesschwalbe

Der Mann sitzt bei dieser Stellung im Fersensitz, seine Partnerin legt sich mit ihrem Becken auf seinen Schoß, ihr Gesäß berührt dabei seinen Bauch, ihre Beine sind gespreizt. In dieser Position sollte die Frau ihren Oberkörper mit den Händen abstützen und Beine und Becken so weit wie möglich nach hinten schieben, damit ihr Partner in sie eindringen kann.

Die »Liebesschwalbe« eignet sich nur für Männer, die einen großen Penis und eine starke Erektion haben.

Bei dieser Stellung ergeben sich viele Varianten: Er kann sie ausgiebig streicheln und liebkosen.

Geschlossene Elefanten-Stellung

Die Ausgangsstellung ist die gleiche wie bei der »geöffneten Elefanten-Stellung«. Nachdem der »Lingam« des Mannes in die »Yoni« seiner Shakti eingedrungen ist, schließt diese die Beine, während er seine spreizt. Beide können ihre Beine dann entweder strecken oder anwinkeln. In der »geschlossenen Elefanten-Stellung« ist der genitale Reiz für Mann und Frau stärker, und die Erektion kann dabei meist länger gehalten werden.

Für ein besonders langes Liebesspiel eignet sich diese Stellung.

»Sawana«

Bei den »Sawana«-Stellungen liegt der Mann auf dem Rücken und genießt hingebungsvoll die zärtliche Zuwendung seiner Geliebten. Die Frau liegt oder sitzt auf ihm und kann dabei besonders gut das Tempo, die Intensität und den Rhythmus beim Miteinanderschlafen beeinflussen.

Nach vorn gebeugte Reiterin

In dieser Stellung – »Bhamra Asana« – liegt der Mann flach auf dem Rücken, seine Beine sind geschlossen. Seine Partnerin liegt mit gespreizten Beinen und hochgezogenen Knien auf ihm und führt seinen »Lingam« in ihre »Yoni« ein. Sie beugt sich nach vorn, so dass ihr Busen seine Brust berührt. In dieser und den folgenden Haltungen kann die Frau die Initiative ergreifen und Rhythmus und Tiefe der Liebesstöße lenken.

Genießen Sie den engen Haut- und Blickkontakt beim Liebesspiel in dieser Stellung.

Viele Männer genießen es, die Lust ihrer Geliebten so zu erleben.

Aufgerichtete Reiterin

Die Stellung ähnelt der der »nach vorn gebeugten Reiterin« (siehe oben). Doch diesmal richtet die Frau ihren Oberkörper auf oder lehnt sich sogar ein wenig nach hinten. Es gibt unterschiedliche Variationen dieser Haltung, bei der die Shakti auch auf ihrem Geliebten knien oder mit offenen, zusammengepressten oder verschränkten Beinen sitzen kann. In jedem Fall sollte sie ihr Gewicht mit den Händen abstützen und die aktive Rolle übernehmen, um sich und ihrem Partner intensive Lustgefühle zu bescheren.

Die Krabben-Stellung

Bei dieser Stellung kniet oder sitzt die Frau »verkehrt herum« auf ihrem Partner, also so, dass sie ihm den Rücken zukehrt und in Richtung seiner Füße blickt. Je nachdem, wie tief und in welchem Winkel der »Lingam« in die »Yoni« eindringen soll, kann Shakti dabei aufrecht sitzen oder sich nach hinten beugen, wobei sie ihr Gewicht mit den Händen abstützen sollte.

Experimentieren Sie ruhig spielerisch, wie viel Lust diese Stellung beiden Partnern bereiten kann.

Die Shakti-Hocke

Auch bei dieser Stellung sollte der Mann passiv auf dem Rücken liegen, seine Beine sind dabei geschlossen. Seine Partnerin steht über ihm, ihre Füße stehen neben seiner Taille. Dann geht sie so tief in die Hocke, dass sie den erigierten Penis ihres Partners einführen kann. Aus der Hocke kann sie vorsichtig auf und ab wippen, wobei sie sich an den Schultern ihres Partners festhält, der sie mit seinen Händen im Bereich der Oberschenkel stützen kann.

Hier kann die Frau das Liebesspiel dirigieren – und ihr Partner wird das genießen.

Den Orgasmus bewusst steuern

Im Tantra geht es nicht um schnelle Lustbefriedigung. Tantra-Paare lieben sich oft die ganze Nacht lang, denn nur durch die langsame Steigerung der sexuellen Erregung ist es möglich, höchste Gipfel der Lust zu erreichen. Viele Frauen haben mit dem tantrischen Ansatz kein Problem, da die weibliche Sexualität ohnehin dem Tantra entspricht.

Die meisten Frauen reagieren nur allmählich auf Berührungen. Sind die ersten Stufen der Lust aber erst einmal »erklommen«, steigert sich die Erregung oft wellenartig zu immer intensiveren Gefühlen. Die sexuelle Spannung entwickelt sich langsam, bleibt aber lange erhalten und kann währenddessen immer neu entfacht werden, weshalb viele Frauen auch fähig sind, in einer Nacht eine Vielzahl Orgasmen zu erleben. Die sexuelle Landschaft der Shakti gleicht einer sanften Hügelkette, die allmählich in hohe Bergregionen übergeht.

Im Gegensatz dazu gleicht der Orgasmus des Mannes eher dem raschen Besteigen eines steilen Berges. Am Gipfel angekommen, verlässt ihn dann oft schnell die Energie, er ist erschöpft und schläft wahrscheinlich rasch ein. Männer sprechen schneller auf Reize an, kommen meist (zu) schnell zum Orgasmus, und ihre Lust klingt anschließend schnell wieder ab. In sexueller Hinsicht harmonieren Mann und Frau daher nicht besonders gut. Tantra bietet eine Lösung dafür an – die Kontrolle des männlichen Orgasmus!

Der Tantra-Lehre zufolge ist die Quelle für die sexuelle Kraft der Frau nahezu unerschöpflich, während der Mann mit seiner sexuellen Energie oder besser gesagt mit seinen Samenergüssen sparsam umgehen sollte.

Im taoistischen Tantra wird Männern über 35 empfohlen, höchstens einmal im Monat zu ejakulieren, da das Aufbewahren und das Umwandeln des »Lebenselixiers« zu Verjüngung und ungeahnter Vitalität führen. Im indischen Tantra waren Samenergüsse innerhalb der Vereinigung hingegen durchaus erwünscht, sofern sie nicht zu schnell und nicht zu häufig erfolgten. Die Idee hinter diesen »Regeln« besteht natürlich nicht darin, die Männer zu quälen – ganz im Gegenteil: Indem der Mann seine Erregungswelle denen seiner Geliebten anzupassen versucht, ist der Lustgewinn im Endeffekt für beide größer.

Meister des Tantra können stundenlang mit ihrer Partnerin schlafen, die Lust dabei immer wieder neu aufleben lassen und schließlich einen Orgasmus erleben, der mehrere Minuten dauert! Die Erregung wird immer nur bis kurz vor den Orgasmus gesteigert. Sobald der Mann sich dem Höhepunkt nähert, sollte er dafür Oberschenkel-, Gesäß-, Bauch- und Beckenbodenmuskulatur tief entspannen, dreimal die Yoga-Vollatmung durchführen (siehe Seite 32) und seine Partnerin bitten, sich nicht mehr zu bewegen. Außerdem sollte er innerlich einige Male das Mantra »Pa Da Omam« sprechen (»Pa Da« mit dem langen Einatmen und »Omam« mit dem Ausatmen) und sich dabei vorstellen, dass ein rötlicher Lichtstrahl vom Beckenboden aus zu seinem Herz-Chakra strömt.

Je öfter Sie sich an die Grenze zum Orgasmus herantasten und sich dann tief entspannen, um anschließend wieder eine neue Lustwelle aufzubauen, umso leichter wird es Ihnen fallen, die sexuelle Vereinigung zu verlängern, und desto intensiver werden Sie den Orgasmus schließlich erleben.

Der Orgasmus der Frau setzt sich meist aus vielen kleineren und größeren Orgasmen zusammen.

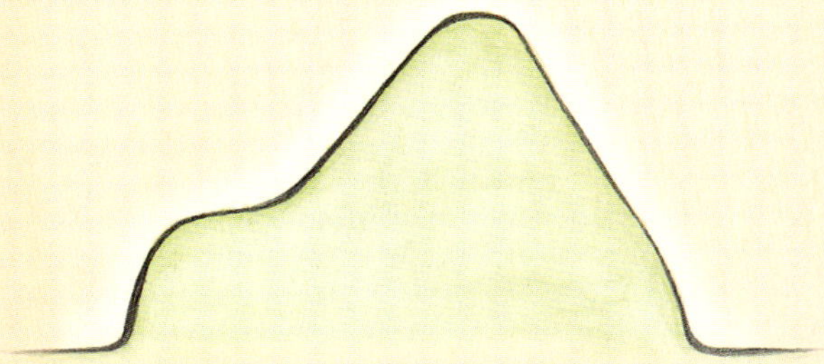

Die Erregungsphase des Mannes verläuft steiler und endet in nur einem Orgasmus.

»Triyak«

Liebesstellungen, bei denen beide Partner einander in Seitenlage gegenüberliegen, werden im Tantra als »Triyak« bezeichnet. In diesen Positionen ist es schwierig, intensive Beckenbewegungen auszuführen, doch dafür kann das Liebespaar besonders lange in inniger Vereinigung bleiben.

Geöffnete Perlenmuschel

Beide Partner liegen einander zugewandt auf der Seite. Der Mann schließt die Beine und legt sich zwischen die geöffneten Oberschenkel seiner Geliebten, die ihn daraufhin mit ihren Beinen umschlingt – dabei liegt eines ihrer Beine unter, das andere über ihm. (Sie sollten die Stellung »geöffnete Perlenmuschel« immer nur auf einer weichen Matratze ausüben, da sonst wahrscheinlich das untere Bein der Shakti einschläft.)

Variation

Es gibt eine Spielart dieser seitlichen Stellung, bei der die Frau ihre Beine, nachdem sie sie gespreizt hat, um ihrem Geliebten das Eindringen zu ermöglichen, wieder schließt. Der Mann legt dann sein oberes Bein über die Beine seiner Partnerin, seine Beine sind also geöffnet.

Eine Position, in der beiden Partnern Bewegungsfreiheit bleibt.

Geschlossene Perlenmuschel

Beide Partner liegen wieder einander zugewandt auf der Seite, doch bei dieser Variation schließen sowohl der Mann als auch seine Partnerin die Beine, nachdem er in sie eingedrungen ist. In dieser Haltung kommt es zu einer engen Verschmelzung der Geschlechtsorgane und einer intensiven Übertragung der Chakra-Energien.

Bei dieser seitlichen Stellung empfinden beide Partner die Vereinigung besonders innig.

Eine Liebesposition, die für beide sehr bequem ist.

Grotten-Stellung

In dieser auch als Löffelchen-Stellung bekannten Haltung liegen wieder beide Partner auf der Seite. Der Mann liegt hinter seiner Shakti, so dass seine Brust und sein Bauch ihren Rücken und ihr Gesäß berühren. Die Frau sollte die Beine zunächst spreizen, um ihrem Geliebten das Eindringen zu erleichtern, danach kann sie die Beine wieder fest schließen oder sie auch geöffnet lassen. In der Grotten-Stellung kann Shiva die Brüste seiner Geliebten streicheln oder ihre Klitoris und ihre Schamlippen stimulieren.

Die Schere

Um in diese Liebesposition zu kommen, bei der nur der Mann auf der Seite liegt, legt sich die Frau zunächst mit angezogenen Beinen

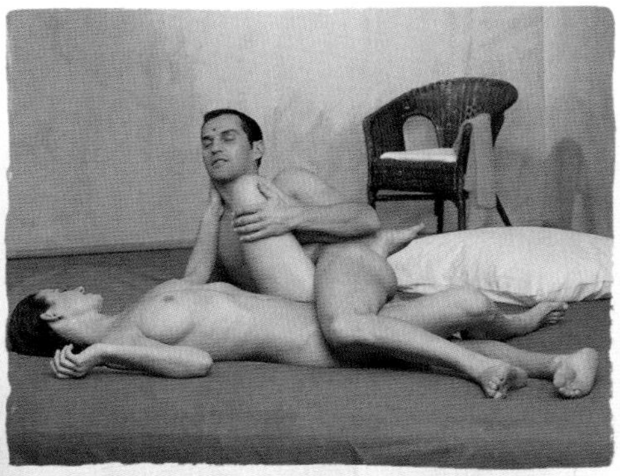

Auch in dieser Stellung können Sie den Liebesakt lange genießen.

auf den Rücken, ihr Partner liegt waagerecht unter ihr. Die Oberkörper beider Partner bilden einen 90-Grad-Winkel. Nachdem ihr Partner in sie eingedrungen ist, streckt die Frau ihr rechtes Bein aus, das er mit seinem oberen, linken Bein umschlingt. Dann rutscht der Mann mit seinem Oberkörper etwas nach oben, neben seine Partnerin, die ihr linkes Bein um seine Taille legt. Dabei verscheren sich die Beine ineinander.

Die Libelle

Bei der »Libelle« liegt nur die Frau auf der Seite. Um in diese Position zu kommen, dringt der Mann zunächst von hinten in seine vor ihm kniende Partnerin ein. Die Shakti streckt dann ihr rechtes Bein aus und dreht ihren Oberkörper auf die rechte Seite, während sie das angewinkelte linke Bein anhebt. Gleichzeitig stellt ihr Partner sein rechtes Bein auf, um die Balance besser halten zu können, und stützt das obere Bein seiner Geliebten behutsam mit seinem linken Arm ab.

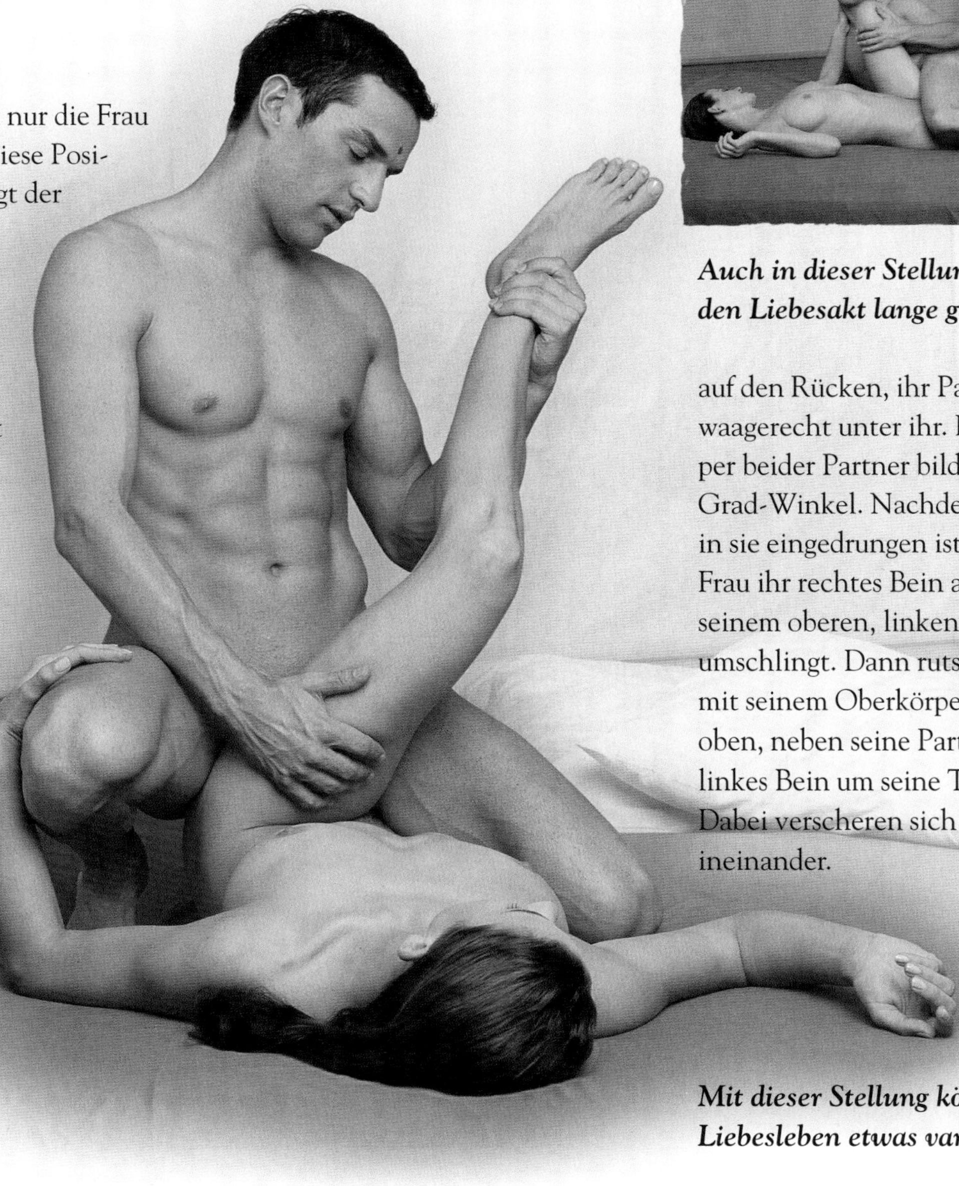

Mit dieser Stellung können Sie Ihr Liebesleben etwas variieren.

»Upavishta«

Sitzende Positionen – »Upavishta« genannt – sind im Tantra besonders beliebt, da hierbei beide Partner den Liebesakt sehr bewusst erleben. Starke Beckenbewegungen kann man in den meisten sitzenden Stellungen aber nicht ausführen. Diese Positionen eignen sich eher dafür, den Orgasmus möglichst lange hinauszuzögern.

Verschmolzener Lotos

Sämtliche sitzenden Liebesstellungen sind im Grunde Variationen des gemeinsamen Lotossitzes. Sitzhaltungen sind im Tantra sehr beliebt, da die aufrechte Haltung der Wirbelsäule Wachheit, Bewusstheit und damit auch die meditative Verschmelzung fördert.
Für die klassische Stellung – »Padma Asana« – müssen die Knie- und Hüftgelenke des Mannes sehr flexibel sein. Er sitzt in einer Variante des Lotossitzes (halber Lotossitz siehe Kasten Seite 30): Seine Beine sind gekreuzt, die Füße werden möglichst nahe an den Körper herangezogen. Da der Sitz leichter fällt, je höher das Becken ist, sollte der Mann sich auf ein dickes Kissen setzen. Die Shakti lässt sich mit gespreizten Beinen auf seinem Schoß nieder und verschränkt die Beine hinter seinem Rücken.

Variationen

Die Sitzhaltung fällt wesentlich leichter, wenn der Mann statt des Lotos- den Schneidersitz einnimmt. Diese Stellung, bei der die Frau ihren Partner wieder mit den Beinen umschlingt und sich das Paar innig umarmt, heißt im Tantra »Vaidhurit Asana«.
Bei einer anderen Variation sitzt der Mann zwar im Lotossitz, doch übernimmt seine Partnerin einen Teil ihres Körpergewichts, indem sie ihre Füße aufsetzt, statt sie zu verschränken. Eine weitere Spielart entsteht, wenn die Partner nicht frontal zueinander, sondern leicht seitlich versetzt sitzen.

Bei dieser Position nehmen beide Partner die Vereinigung besonders bewusst wahr.

Hier können beide ihr Becken so bewegen, dass sie sich und dem Partner höchste Lust bereiten.

Gestützter Lotos

Auch bei dieser Stellung nimmt der Mann den Schneidersitz ein, und Shakti lässt sich auf seinem erigierten Penis nieder. Sie schließt die Beine hinter dem Rücken ihres Geliebten und stützt sich auf seinen Oberschenkeln ab. Auch der Mann stützt sich rücklings mit den Händen ab. In dieser Haltung können beide Partner ihr Becken besser auf und ab bewegen oder kreisen lassen.

Die Lotos-Schaukel

In der »Lotos-Schaukel« streckt der Mann seine Beine aus und winkelt sie leicht an, so dass er seine Fußsohlen aneinander legen kann. Seine Partnerin umschlingt seine Taille mit ihren Beinen und kreuzt ihre Füße hinter seinem Rücken. Typisch für diese auch als »Sanyaman« bezeichnete Haltung ist eine Schaukelbewegung. Um diese ausführen zu können, umfasst der Mann den Nacken seiner Geliebten. Anschließend lehnen sich beide sanft zurück, wobei er seine Arme streckt. Die Frau kann ihre Hände ebenfalls um den Nacken ihres Partners oder auf seine Ellbogen legen. In dieser Stellung schaukeln beide sanft vor und zurück.

Enge Auster

Diese Liebeshaltung wird auf die gleiche Weise eingenommen wie die »weite Auster« (siehe rechte Seite). Allerdings sollte der Mann seine Beine im Fersensitz diesmal schließen. Sobald die Frau sich auf ihrem Geliebten niedergelassen hat, streckt sie ihre Beine nach oben, stützt sich mit den Händen ab, legt die Unterschenkel auf die Schultern ihres Shiva und verschränkt ihre Füße hinter seinem Kopf. Die »enge Auster« verstärkt den intensiven Kontakt zwischen Penis und Vagina.

Variation

Falls es dem Mann schwer fällt, den Fersensitz einzunehmen, kann er seine Beine auch ausstrecken oder sich auf den Bettrand setzen. Die Haltung der Frau ändert sich dabei nicht.

Bei der »engen Auster« spüren beide die Berührung von »Lingam« und »Yoni« besonders stark.

Die V-Stellung

In dieser Haltung öffnet Shiva seine Knie, setzt sich auf die Fersen und lehnt sich etwas nach hinten. Seine Geliebte setzt sich auf seinen Schoß und führt seinen »Lingam« ein. Dann lehnt sie ihren Oberkörper weit zurück, stützt ihr Gewicht mit den Händen ab und streckt die Beine nach vorn und oben aus, um sie auf den Schultern ihres Partners abzulegen. In dieser Haltung bilden ihre Beine und ihr Oberkörper ein »V«. Der Winkel, in dem der »Lingam« in der »Yoni« ruht, ruft bei beiden angenehme Empfindungen hervor, selbst wenn nur minimale Beckenbewegungen ausgeführt werden.

Wenn die Shakti gut trainierte Bauchmuskeln hat, kann das Paar eine Variation der V-Stellung einnehmen: Der Mann streckt seine Beine geöffnet nach vorn aus, seine Partnerin sitzt zwischen seinen Oberschenkeln und bringt ihre Beine so weit nach oben, dass ihre Beine und ihr Oberkörper sich berühren. In dieser für seine Geliebte sehr anstrengenden Haltung sollte der Mann sie an den Beinen halten und stabilisieren.

In der Stellung kann man bewusst kleinsten Bewegungen nachspüren.

Weite Auster

Der Mann setzt sich auf die Fersen, seine Beine sind leicht geöffnet. Seine Partnerin steht über ihm und geht dann so tief in die Hocke, dass sie mit ihrer »Yoni« auf seinen »Lingam« gleiten kann. Dann hält sie sich am Nacken des Mannes fest, während er sie am Rücken oder an den Oberschenkeln stützt. In der Stellung der »weiten Auster« bleiben die Beine der Shakti weit geöffnet. Statt die Arme um den Nacken ihres Partners zu legen, kann sie ihr Gewicht auch rücklings mit den Händen abstützen.

Die Frau kann sich dabei ganz dem Mann hingeben oder sich abstützen und ebenfalls aktiv werden.

Shakti kann die Bewegungen dirigieren, Shiva verwöhnt sie mit Streicheleinheiten.

Stuhl der Lust

In dieser Haltung liegt der Mann auf dem Rücken, seine Beine sind gestreckt. Legen Sie am besten ein großes Kissen unter, damit sein Oberkörper ein wenig erhöht liegt. Die Partnerin setzt sich seitlich auf seinen Schoß, als würde sie sich auf einem Stuhl niederlassen; dabei führt sie seinen Penis vorsichtig ein. Wird die Stellung am Bettrand ausgeführt, kann die Frau, die sich mit den Händen abstützen sollte, ihre Beine auch auf den Boden stellen.

Zwillings-Haltung

Bei der Zwillings-Haltung blicken beide Partner in dieselbe Richtung. Der Mann lehnt sich auf ein großes

Die Zwillings-Haltung können Sie nach Lust und Laune variieren.

Kissen und streckt die gespreizten Beine nach vorn aus. Seine Geliebte geht in die Hocke und lässt sich auf seinem »Lingam« nieder – dabei wendet sie ihrem Partner ihren Rücken zu und stützt sich mit den Händen ab. In dieser Stellung kann der Mann die Brüste seiner Shakti streicheln oder ihre Klitoris stimulieren. Bei der Zwillings-Haltung kann der Mann seine Beine auch kreuzen und die Frau ihre Beine öffnen und die Füße aufsetzen.

Kniende Zwillings-Haltung

Dies ist eine Variante der Zwillings-Haltung, die vor allem für die Frau sehr lustvoll sein kann: Während ihr Partner dabei kaum Bewegungsfreiheit hat, kann sie das Liebesspiel durch ihre Beckenbewegungen bestimmen. Der Mann sitzt im Fersensitz, seine Geliebte kniet mit geöffneten Schenkeln auf ihm, ihr Rücken berührt die Brust ihres Partners. Je nachdem, ob sie sich weiter nach vorn oder hinten lehnt, kann Shakti ihre Erregung variieren.

Shiva kann die Erregung seiner Partnerin durch zärtliches Streicheln noch steigern.

»Uttita Bandha«

Liebesstellungen im Stehen eignen sich vor allem, um immer wieder einmal Abwechslung in Ihr Liebesleben zu bringen. Einige davon sind recht anstrengend. Es gibt aber auch »Uttita-Bandhas«, die längere Zeit eingenommen werden können.

Dreieck-Stellung

In dieser auch als Kuh-Stellung bekannten Liebeshaltung steht die Frau mit dem Rücken zu ihrem Geliebten und beugt ihren Oberkörper so weit nach unten, dass sie ihre Unterschenkel oder Knöchel umfassen kann. Ihre Beine sollten dabei nur leicht geöffnet sein. Ihr Shiva steht hinter ihr, umfasst ihr Becken und spreizt seine Beine so weit, dass er bequem in ihre »Lustgrotte« eindringen kann.

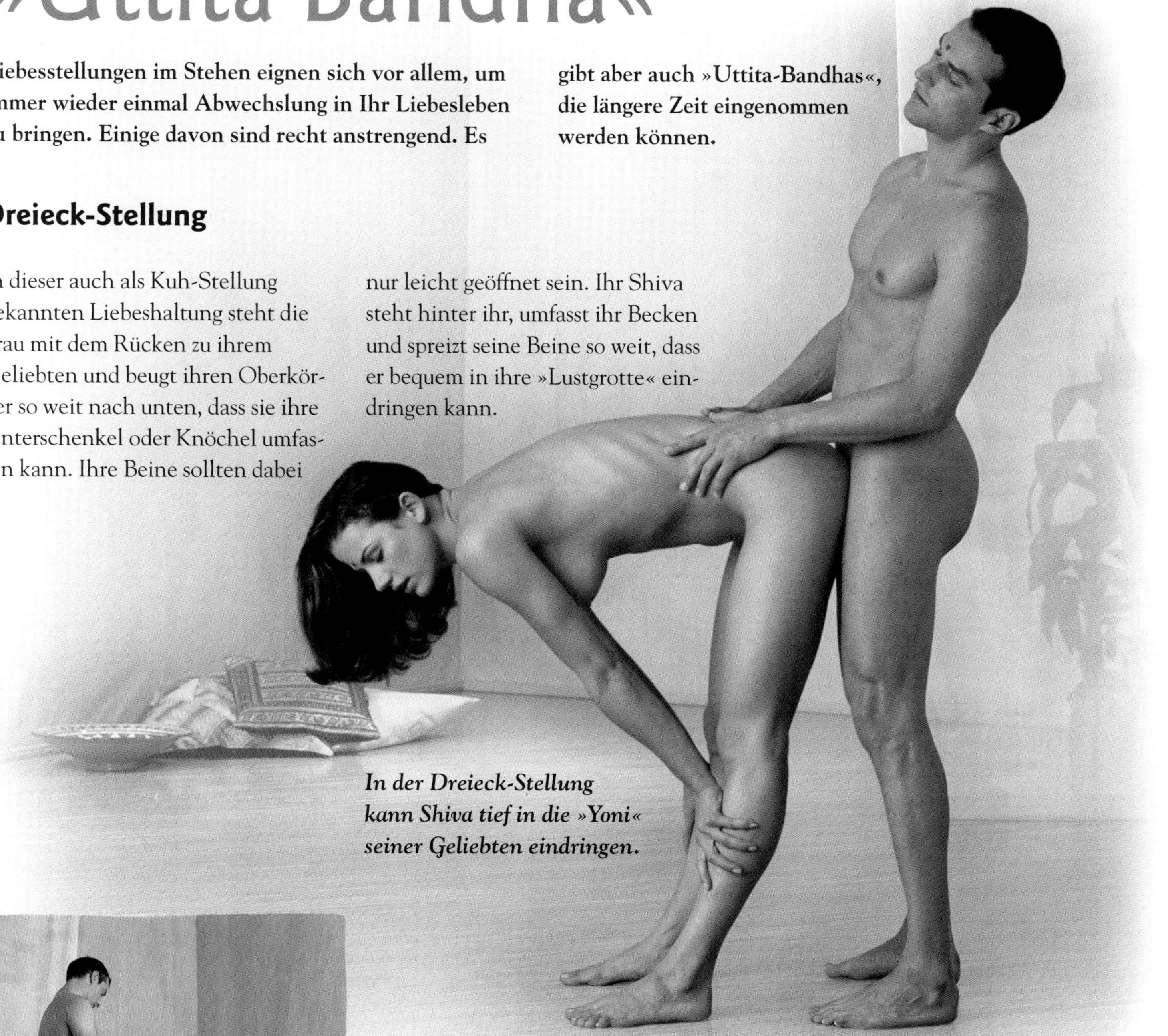

In der Dreieck-Stellung kann Shiva tief in die »Yoni« seiner Geliebten eindringen.

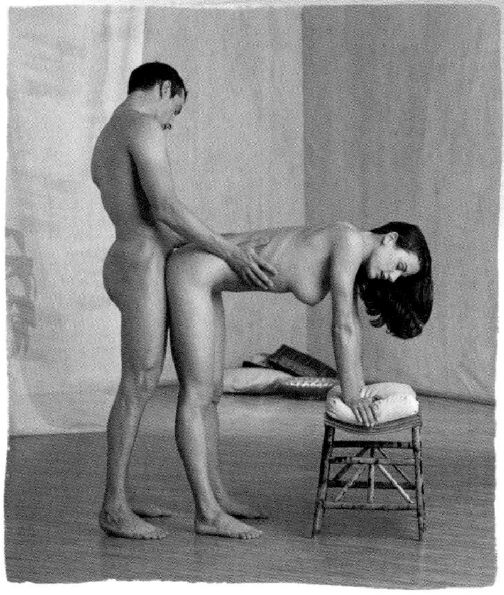

Gestütztes Dreieck

Diese Haltung ist eine Variation der Dreieck-Stellung, die weniger gelenkigen Shaktis leichter fällt, da der Rücken dabei nicht so tief nach unten gebeugt werden muss. Wieder steht die Frau mit dem Rücken zu ihrem Partner und beugt ihren Oberkörper nach vorn. Doch dabei stützt sie sich auf einem Stuhl, dem Bett oder einem Sofa ab, so dass ihr Rücken sich nur bis in die Waagerechte senkt. Ihre Beine sind dabei leicht gespreizt.

Auch in dieser Stellung hat der Mann die aktivere Rolle.

Wilder Eber

In dieser leidenschaftlichen Stellung kann der Mann tiefe Beckenstöße ausführen. Allerdings ist die Haltung so anstrengend, dass sie sich nur als kurzzeitiges »Zwischenspiel« eignet. Die Frau kniet mit hoch erhobenem Gesäß vor ihrem Partner; dieser geht tief in die Hocke und stützt sich, nachdem er seinen Penis in die Vagina seiner Shakti eingeführt hat, auf seinen Oberschenkeln ab. Je höher die Frau ihr Gesäß nach oben streckt, desto leichter fällt es ihrem Geliebten, die »Stellung zu halten«.

Diese Stellung entfacht bei beiden Partnern die sexuelle Erregung besonders stark.

Liebesklammer

Da der Mann in dieser Stellung das ganze Gewicht seiner Partnerin trägt, eignet sich die »Liebesklammer« nur, wenn er ziemlich kräftig und seine Geliebte relativ leicht ist. Shiva steht mit schulterbreit geöffneten Beinen und mit leicht gebeugten Knien. Seine Partnerin hält sich an seinem Nacken fest, nimmt etwas Schwung und schlingt beide Beine um seine Taille. Indem sie die Unterschenkel hinter seinem Gesäß kreuzt, kann sie ihrem Geliebten die Haltung erleichtern. Am Ende sollte der Mann den Po seiner Shakti umfassen und sie gut stützen. Die »Liebesklammer« fällt wesentlich leichter, wenn sich der Mann dabei gegen eine Wand stützt.

Variationen

Die Spielarten der Stellung unterscheiden sich vor allem durch die Arm- und Handhaltung des Mannes. Statt seine Geliebte unterhalb des Gesäßes zu stützen, kann er auch ihre Fersen halten oder seine Unterarme unter die Knie der Frau schieben.

Schubkarre

Die »Schubkarre« ist eher eine Stellung für Experimentierfreudige. In Indien war sie unter dem Namen »Manu Ambhua« bekannt und diente vor allem dazu, akrobatische Fähigkeiten in Gruppenritualen zur Schau zu stellen. Die Frau kniet zunächst auf allen Vieren vor ihrem Partner, der hinter ihr steht, ihre Knöchel umfasst und ihr Becken so weit nach oben hebt, bis er in sie eindringen kann. Die Stellung gelingt nur »sportlichen« Paaren. Die Frau muss dabei ihr Körpergewicht mit den Armen abstützen, ihre Beine anwinkeln und die Oberschenkel anspannen.

Diese Stellung bringt sicher Abwechslung in Ihr Sexleben.

Die Beckenbewegungen gehen ganz vom Mann aus, da die Bewegungsfreiheit der Frau weitgehend eingeschränkt ist.

Umrankender Efeu

Der Mann steht mit leicht gespreizten Beinen aufrecht und geht ein wenig in die Knie. Ist die Frau wesentlich kleiner, sollte sie sich auf eine Stufe oder einen Schemel stellen. Er hält einen Arm um die Hüfte seiner Partnerin, die sich eng an ihn schmiegt und ein Bein um seine Taille schlingt. Um die Stellung zu stabilisieren, sollte der Mann den ihn »umrankenden« Oberschenkel seiner Geliebten mit der freien Hand abstützen.

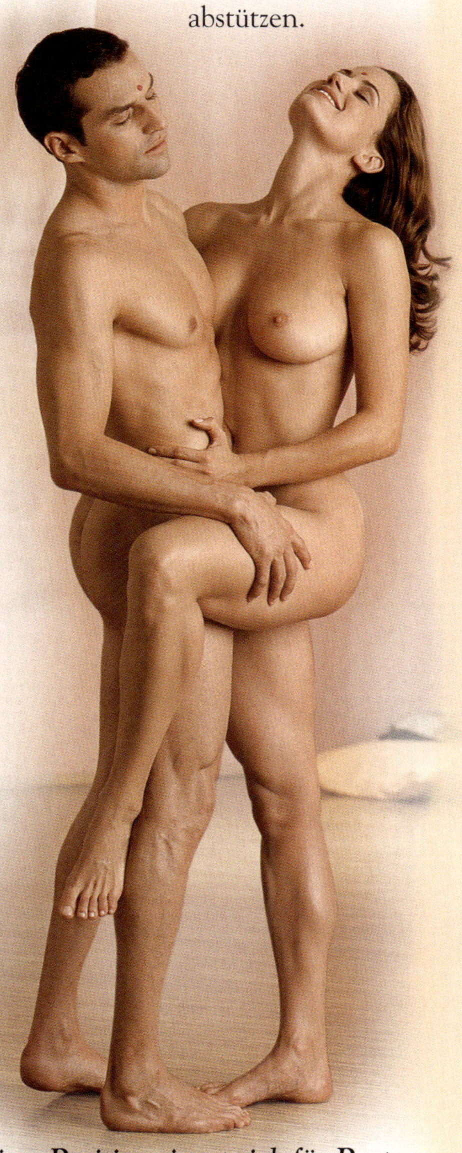

Diese Position eignet sich für Partner, die beide etwa gleich groß sind.

Die Kunst des Küssens

Tantra beschreibt eine Vielzahl unterschiedlicher Kusstechniken – darunter Küsse auf Lippen, Wangen, Hals, Brüste und den Zwischenraum der Brüste. In Indien glaubte man, dass sich im Kuss die Seelen vereinigen. Küsse spielen im Tantra nicht nur während, sondern vor allem auch vor der sexuellen Vereinigung eine wichtige Rolle.

Zu den wichtigsten Küssen zählen:

- Der hauchende Kuss, bei dem die Lippen sich nur flüchtig berühren
- Der drängende Kuss, bei dem die Lippen des Partners mit der Zungenspitze befeuchtet werden
- Der saugende Kuss, bei dem die Unter- oder Oberlippe des Partners eingesogen und festgehalten wird
- Der Erkundungskuss, bei dem Zunge und Mundhöhle des Partners durch tiefes Eindringen mit der eigenen Zunge erforscht werden
- Der verschlingende Kuss, bei dem sich beide Partner leidenschaftlich »verschlingen«, indem sie die Lippen aneinander pressen und mit ihren Zungen abwechselnd tief in den Mund des anderen eindringen

Neben verschiedenen Küssen sind im Tantra auch Liebesbisse eine Möglichkeit, die Erregung zu steigern. Diese »Bisse« sollten natürlich nur vorsichtig eingesetzt werden und eher einem Knabbern gleichen. Manche Tantra-Paare bevorzugen jedoch auch feste, teilweise recht schmerzhafte Bisse, um ihre Leidenschaft anzufachen.

Zu den wichtigsten und bekanntesten Bisstechniken im Tantra zählen die folgenden:

- Der Mückenbiss, bei dem der Partner nur ganz leicht mit den Schneidezähnen »angeknabbert« wird
- Der anschwellende Biss, bei dem die Unterlippe des Partners kräftig eingesogen wird, so dass eine bläuliche Schwellung entstehen kann
- Der Halbmondbiss, durch den auf der Wange des Partners ein runder Mundabdruck zurückbleibt
- Der Perlenkettenbiss, bei dem gleichzeitig mit den Zähnen und Lippen winzig kleine Bisse nebeneinander ausgeführt werden, wodurch die Bissmale an eine Kette erinnern
- Der leidenschaftliche Sturmbiss, der vor allem im Bereich der Brüste aber auch an Gesäß und Oberschenkel eingesetzt wird und bei dem durch den Einsatz aller Zähne unregelmäßige Male zurückbleiben
- Der Biss des Ebers, der im Schulter-, Hals- und Brustbereich durch Saugen und Beißen mit den Schneidezähnen tiefe, eng beieinander stehende Bissmale mit geröteten Zwischenräumen zurücklässt

Aphrodisiaka

Als »Aphrodisiaka« werden alle Mittel bezeichnet, die helfen, den Geschlechtstrieb zu steigern. Diese Liebesmittel waren in allen früheren Kulturen bekannt, und natürlich setzten auch Tantra-Anhänger sie ein, um die Erektion zu unterstützen oder die Lust anzuregen.
Heute wissen wir, dass viele Pflanzen aphrodisierende Substanzen enthalten und somit tatsächlich dazu beitragen können, prickelnde Erotik anzuregen. Im Gegensatz zu obskuren Rezepten, deren tierische Bestandteile von pulverisiertem Nashorn über Schlangenblut, Affenhoden bis zur Spanischen Fliege (einer Ölkäferart) reichen, sind pflanzliche Präparate nicht nur ästhetischer, sondern auch wesentlich wirkungsvoller.
Viagra Natürlich hat auch die Pharmaindustrie Aphrodisiaka entwickelt. Das ursprünglich als Herzmittel konzipierte und schließlich als Potenzpille entdeckte Viagra dürfte inzwischen wohl zu den bekanntesten chemisch hergestellten Liebesmitteln zählen. Obwohl Nebenwirkungen selten auftreten, hat die unsachgemäße Einnahme von Viagra in Einzelfällen sogar schon zu Todesfällen geführt. Männer sollten sich daher unbedingt ärztlich untersuchen lassen und sich mit ihrem Arzt besprechen, bevor sie zu Viagratabletten greifen.
Wer Tantra betreibt, wird ohnehin keine Mittel wie Viagra benötigen! Tantra-Yoga-, Atem- und Sinnlichkeitsübungen, die bei Bedarf durch die Einnahme verschiedener pflanzlicher Substanzen ergänzt werden können, ermöglichen es Mann und Frau, sich bis ins hohe Alter den Freuden der Liebe hinzugeben.
Bewusstseinserweiterung Im Tantra wurden neben Kräutern, Wurzeln und Gewürzen auch bewusstseinsverändernde Substanzen wie Alkohol oder Marihuana eingesetzt. Allerdings ging es dabei ausschließlich darum, das Bewusstsein zu erweitern und die kosmische Vereinigung von Shiva und Shakti zu vertiefen. Deshalb waren das genaue Beobachten der Wirkungen und der bewusste Einsatz der jeweiligen Droge unbedingte Voraussetzung für deren Einnahme.
Im Folgenden wollen wir Ihnen die wichtigsten sexuell anregenden Substanzen vorstellen, deren Gebrauch selbstverständlich weder gesetzlich verboten noch gesundheitsschädigend ist.

Nur das erste Glas Rotwein wirkt erregend, das zweite kann schon müde machen.

Die besten Liebesmittel aus der Naturapotheke

Viele der wirkungsvollsten Liebesmittel erscheinen wenig spektakulär. Sie bestehen nicht aus Tierhoden oder Hirschgeweihen, sondern meist handelt es sich um unscheinbare Pflänzchen, die jedoch viele heilkräftige Stoffe enthalten.
Es gibt sehr einfache, nahe liegende Aphrodisiaka: Schon der Einsatz von Gewürzen wie Vanille, Chili, Pfeffer oder Selleriesamen kann kleine Wunder wirken.
Auch ätherische Öle wie Jasmin, Rose, Sandelholz, Ylang-Ylang oder Patchouli regen die sexuellen Energien auf sanfte Weise an. Sie können die Öle in Duftlampen verdampfen lassen oder für sinnliche Massagen verwenden (siehe auch Seite 60).
Doch auch eine Tasse Kaffee oder ein Glas Rotwein kann helfen, die eingeschlafenen Lebens- und Lustgeister wieder zu wecken.

Alkohol

Alkohol dürfte wohl eines der ältesten Rauschmittel der Menschheit sein. Die Sumerer sollen bereits vor 4000 Jahren Bier gebraut haben. Auch als Mittel zur Steigerung der Libido hat Alkohol eine jahrtausendealte Tradition. In Form von Wein wurde und wird Alkohol auch in tantrischen Ritualen eingesetzt. Damit Alkohol jedoch stimulierend und nicht im Gegenteil einschläfernd

wirkt, ist die Dosierung von größter Wichtigkeit. In betrunkenem Zustand können Sie natürlich kein Tantra praktizieren!
Bei Männern genügt eine Menge von 0,3 Liter Wein vollkommen, um in den Genuss der lösenden, luststeigernden Wirkung zu kommen. Bei Frauen sollte es sogar noch etwas weniger sein! Nach einer Studie, die 1994 im Wissenschaftsmagazin »Nature« veröffentlicht wurde, wird bei Frauen die Testosteronproduktion durch Alkoholgenuss angeregt, was zu einem deutlichen Anstieg der Libido führt.

Alstonia (Alstonia scholaris)

Die Alstonia, auch als »Weißquirlbaum« bezeichnet, wächst vorwiegend in den tropischen Regenwäldern Ostasiens und Indiens. Als Ergänzung zu Tantra-Yoga-Techniken wurden die Samen in Indien eingenommen, um die Genitalmuskulatur zu stärken. Das im Samen enthaltene Alkaloid Chlorogenin verursacht eine leichte Reizung des Urogenitaltraktes. Die gesteigerte Durchblutung und die prickelnde Stimulation von Nerven und Kreislauf führen zu einer Verlängerung der Erektion. Dadurch gelingt es, den Orgasmus länger hinauszuzögern. Wenn Sie den Extrakt selbst zubereiten möchten, zerstampfen Sie zwei Gramm Samen in einem Mörser und gießen das Ganze mit einem halben Liter Wasser auf. Lassen Sie die Mischung zwölf Stunden lang ziehen, und seihen Sie die Flüssigkeit ab. Experimentieren Sie vorsichtig mit der richtigen Dosierung. Eine Überdosierung kann zu Reizungen von Blase und Geschlechtsorganen führen.

Eine lang anhaltende Erektion verspricht der Weißquirlbaum, der auch Schulholzbaum genannt wird.

Fo-ti-tieng (Hydrocotyle asiatica)

Die auch als Gotu kola bekannte Pflanze ist in Asien beheimatet. »Fo-ti-tieng« ist der chinesische Name und bedeutet »Elixier der Langlebigkeit«. Tatsächlich entdeckten Wissenschaftler in der Pflanze, die in China seit über 1000 Jahren eingesetzt wird, besondere Alkaloide. Diese haben nicht nur entgiftende Eigenschaften, sondern sie wirken auch verjüngend auf Nerven, Gehirn und endokrine Drüsen. Asiaten empfehlen, täglich eine Tasse des vitalisierenden Krauts zu trinken. Für die regelmäßig Anwendung genügt es, einen halben Teelöffel der pulverisierten Blätter mit kochendem Wasser zu übergießen und das Ganze sechs Minuten lang zugedeckt ziehen zu lassen. Der Tee stärkt Nerven, Abwehrkräfte und die Verdauung. Um die sexuellen Energien anzuregen, brauchen Sie eine etwas höhere Dosis, nämlich zwei Teelöffel Blätter auf eine große Tasse. In dieser Dosierung sollte der Tee jedoch nur zu speziellen Anlässen getrunken werden.

Ginseng (Panax ginseng)

Ginseng wächst vorwiegend in den Laubwäldern Koreas und Chinas, wo die Wurzel seit über 5000 Jahren als vitalisierendes Heilmittel geschätzt wird. Noch heute empfehlen chinesische Ärzte die tägliche Einnahme der »Zauberwurzel« für Gesundheit, Lebens- und Liebeslust. Inzwischen ist die heilende Wirkung des Ginsengs wissenschaftlich belegt. Ginsengpräparate sind auch bei uns fast überall erhältlich. Neben Spurenelementen und Vitamin B enthält

Die gabelig verzweigte Ginsengwurzel, die zu den wichtigsten medizinischen Kräutern zählt, entfaltet ihre volle Wirkung erst im Alter von zehn Jahren.

Ginseng vor allem Saponine, die das endokrine Drüsensystem, den Stoffwechsel und die Durchblutung von Herz und Blutgefäßen anregen und allgemein harmonisierend wirken. Ginsengtees und -elixiere verstärken die Bildung von Sexualhormonen und erhöhen die Vitalität – allerdings nur, wenn sie über eine lange Zeit täglich eingenommen werden!

Guarana (Paullinia cupana)

Guarana wird seit Jahrhunderten von den Regenwaldindianern genutzt, die die Pflanze als Nahrungsersatz in Hungerzeiten verzehrten oder sie zur Behandlung zahlreicher Verdauungsstörungen, aber auch als Aphrodisiakum einnahmen.
Die auch als »brasilianischer Kakao-

Die aus den Samen des Guarana hergestellte dunkelrotorange Masse, die Pasta Guarana, wird getrocknet und zu Pulver gemahlen.

baum« bezeichnete Urwaldliane gedeiht vorwiegend in den Regenwäldern Südamerikas. Guarana ist in den kastanienähnlichen Samen enthalten und muss vor dem Gebrauch getrocknet und geröstet werden. Die Substanz enthält etwa fünfmal so viel Koffein wie Kaffee und gilt als das stärkste aller Methylxanthine. Guarana wirkt zentral erregend; es beschleunigt den Herzschlag, hat aber zugleich eine entspannende Wirkung auf die glatte Muskulatur der Gefäße, wodurch die Erektion begünstigt wird.
Guaranapulver ist in vielen Reformhäusern und Bioläden erhältlich. Sie können Guaranasamen aber auch selbst im Mörser zerstoßen und wie Kaffee zubereiten. Nehmen Sie auch Guarana nur in Maßen ein, da es sonst zu Schlafstörungen und innerer Unruhe kommen kann!

Ling zhi-Pilz (Ganoderma lucidum)

In China gilt der Ling zhi-Pilz als »göttlicher Pilz der Unsterblichkeit«. Der seltene Pilz soll ewige Jugend verleihen und lebenslang anhaltende Liebesfreuden bescheren. Heute wird der erotisierende Pilz in Japan und China in großen Kulturen gezüchtet, getrocknet und in Form verschiedenster Präparate in alle Welt geschickt. Ling zhi enthält hochmolekulare Polysaccharide, Vitamine, Triterpene und Aminosäuren. Die Präparate stärken das Immunsystem und die Verdauung, harmonisieren das Nervensystem und regen die Funktion der Geschlechtsorgane an.
Ling zhi hilft bei Potenzstörungen, Erektionsproblemen, Menstruationsbeschwerden und vermindertem Sexualtrieb und kann bedenkenlos eingesetzt werden, da Nebenwirkungen nicht bekannt sind.

Betelnuss (Areca catechu)

Die Betelnuss ist in Indien und Südostasien beheimatet. Unter den breiten Blättern der Arecapalme reifen die Nüsse an Fruchtständen heran. In Indien hat das Kauen der Betelnuss eine sehr lange Tradition. Bei häufigem Genuss der Betelnuss kommt es zu einer typischen Rotfärbung des Zahnfleisches, die in Asien stolz zur Schau getragen wird. Durch Zugabe von Muskatnuss, Kardamom oder Kurkuma werden die Betelnussbissen geschmacklich aufgewertet und auf Märkten angeboten.
Die Betelnuss enthält ein psychisch wirksames Alkaloid: Arecolinöl. Dieses Alkaloid stimuliert das Zentralnervensystem: Speichel- und Schweißsekretion werden angeregt, die Atmung wird aktiviert und die Herztätigkeit verlangsamt. Es kommt zu einem stimulierenden Effekt auf das Geschlechtsleben.
Erst wenn der fein zerstoßenen Betelnussmischung eine Prise gebrannter Kalk zugefügt wird, kann das Arecolinöl über die Mundschleimhaut aufgenommen werden. Die Betelnuss wird etwa eine halbe Stunde im Mund behalten und anschließend ausgespuckt.
Vorsicht: Betelnussmischungen sollten immer in geringer Dosis (1 g) und nur ausnahmsweise gekaut werden. Die relativ aggressive Mischung schädigt auf Dauer Zähne und Mundschleimhaut. Starke Überdosierung (7–10 g) kann Rauschzustände, Durchfall und sogar den Tod durch Atemlähmung hervorrufen! Im Tantra wird die Betelnuss daher äußerst selten und höchst sparsam eingesetzt.

Glossar

Aphrodisiakum (gr.-neulat.): Mittel, das den Geschlechtstrieb anregt und die Lust steigert (nach der griechischen Göttin Aphrodite).

Asana (sanskr.): Körperstellung, Haltung, Liebesstellung.

Bandha (sanskr.): Verschluss, Knoten, Fessel, Band. Im übertragenen Sinn Yoga-Techniken, die durch Zusammenziehen bestimmter Körperbereiche dazu führen, dass Energie gespeichert wird.

Brahman (sanskr.): Weltseele. In der vedischen Zeit Indiens das Wort, das der Priester beim Opfer sprach, später als religionsphilosophischer Begriff das absolute Prinzip.

Chakra (sanskr.): Wörtlich »Rad« oder »Wirbel«. Feinstoffliche Energiezentren im Körper, die der Aufnahme und Speicherung von Lebensenergie (Prana) dienen.

Dakini (sanskr.): Personifizierung des weiblichen Energieprinzips. Im Tantra wird Dakini als schöpferische, aber auch zerstörerische Göttin der Erotik und Weisheit sowie als Muse verehrt.

Ida (sanskr.): Eine der drei wichtigsten Energiebahnen (siehe auch Nadis) im Feinstoffleib. Symbolisiert die weibliche Mondenergie und verläuft vom Unterbauch in einer senkrechten Linie bis zum linken Nasenflügel.

Kali (sanskr.): Von kala = Zeit. Gattin Shivas in ihrer Erscheinung als Herrin der Zeit. Sie steht allmächtig über der endlichen Existenz. Ihren Anbetern, die ihr in teilweise sexuell geprägten Riten huldigen, soll sie die Angst nehmen und ewigen Frieden bringen.

Kamasutra (sanskr.): Bekannteste der Hauptschriften über die Kunst der Liebe im alten Indien.

Krishna (sanskr.): Innerhalb der hinduistischen Mythologie als achte Inkarnation des Gottes Vishnu verehrt. Der meist blau dargestellte Krishna verkörpert die männliche Sexualität.

Kumbhaka (sanskr.): Atemanhalten (von sanskr. Kumbhak = Behälter oder Topf). Bei dieser Yoga-Technik des Atemanhaltens nimmt der Unterleib die Form eines Topfes an.

Kundalini (sanskr.): Schlangenkraft, Spiralkraft, Urkraft (von sanskr. Kunda = Tümpel oder Sammelbecken). Sie ruht so lange im Wurzel-Chakra, bis sie durch spezielle Übungen erweckt wird, um dann durch den Zentralkanal (Sushumna) zum Scheitel-Chakra aufzusteigen und die Verbindung mit dem kosmischen Bewusstsein herzustellen.

Lingam (sanskr.): Phallus, Symbol des Gottes Shiva, der Fruchtbarkeit und des kosmischen Prinzips der Transzendenz.

Mahakala (sanskr.): Ein Name Shivas. Bedeutet wörtlich »große Zeit«. Shiva als tantrischer Schutzherr und Hüter der Mysterien.

Maithuna (sanskr.): Sexuelle Vereinigung im Tantra, entweder körperlich oder auch nur symbolisch.

Mantra (sanskr.): Worte oder Silben mit mystischer Kraft, die laut gesprochen oder nur gedacht der Konzentration des Geistes dienen. Mantras können auch zur Kontrolle sexueller Energien eingesetzt werden.

Nadis (sanskr.): Feinstoffliche Energiekanäle. Yogische Schriften beschreiben, dass der menschliche Körper von 72 000 solcher Energiebahnen durchzogen ist.

Parvati (sanskr.): Gefährtin Shivas, Sinnbild des transzendentalen Überflusses und der Glückseligkeit tantrischer Vereinigung.

Prana (sanskr.): Atem, Lebensenergie, Hauch des Lebens. Prana ist feinstoffliche Energie, die vor allem mit dem Atem aufgenommen wird. Sie dient den Zellen als Lebensenergie und ruht in der Herzregion.

Pranayama (sanskr.): Wörtlich »Kontrolle des Atems«. Atemübungen des Yoga zur bewussten Lenkung des Prana.

Samadhi (sanskr.): Zustand tiefer Meditation, in dem die Dualität zwischen Subjekt und Objekt aufgehoben ist. Auflösung des Ich im kosmischen Überbewusstsein.

Shakti (sanskr.): Göttliche Gefährtin Shivas, Geschlechtspartnerin im rituellen Tantra. Allgemein das schöpferische, alles durchdringende weibliche Prinzip.

Shiva (sanskr.): Wörtlich »der Gnädige«. Neben Vishnu und Brahma eine der drei Hauptgottheiten des Hinduismus. Von vielen Hindus als höchster Gott verehrt, verkörpert er die Aspekte des Schaffens und des Zerstörens.

Sushumna (sanskr.): Zentralkanal, Hauptkanal des feinstofflichen Leibes, auch »Pfad des Brahma« genannt, der sieben Chakras miteinander verbindet.

Tantra (sanskr.): Fäden, Gewebe. Die Hindu-Tantras, eine Gruppe religiöser Schriften, beschreiben in Form eines Dialogs zwischen Shiva und Parvati die tantrischen Prinzipien und Rituale, mit deren Hilfe sexuelle Energie in psychische Energie transformiert werden und infolgedessen Kundalini erweckt werden kann. Die rituelle körperliche Vereinigung wird zur göttlichen Verschmelzung.

Tantrika (sanskr.): Anhänger des Tantra.

Upanishaden (sanskr.): Sich-in-der-Nähe-Niedersetzen (zu Füßen eines Meisters). Mystische Schriften des Brahmanismus. Die zu den Veden gehörenden Upanishaden entstanden 400–200 v. Chr. und umfassen in etwa 150 Schriften, die sich mit dem Wesen des Brahman befassen.

Veda (sanskr.): Wissen. Die älteste religiöse Literatur Indiens. Der aus vier Hymnensammlungen bestehende Veda begründet die vedische Religion und ist Bestandteil der heiligen Schriften des Hinduismus. Die vier Veden wurden in Vedisch, einer frühen Form des Sanskrits, verfasst.

Yang (chin.): Das männliche, positive Prinzip mit den Qualitäten: hell, stark, schöpferisch, fest, oben (Himmel), Bewegung, Ratio.

Yantra (sanskr.): Ein mystisches Bild in Form eines Symbols oder einer Zeichnung mit dem Zweck, die Konzentration zu erhöhen und die Meditation zu erleichtern.

Yin (chin.): Das weibliche, negative Prinzip mit den Qualitäten: dunkel, schwach, ruhig, kontemplativ, nachgiebig, unten (Erde), Ruhe, Intuition.

Yoga (sanskr.): Anspannen, Einschirren, Joch (gemeint ist das Einschirren der Seele an Gott). Die verschiedenen Arten des Yoga zielen darauf, körperlich-geistige Grenzen zu überschreiten, um sich in einem Zustand der Kontemplation von den Täuschungen der Sinne und den Irrungen der Gedanken zu befreien. In der Vereinigung mit dem Gegenstand der Erkenntnis liegt der einzig wahre Weg zur Erkenntnis.

Yoni (sanskr.): Weibliches Geschlechtsteil. In Indien heiliges Symbol des weiblichen Geschlechts.

Literaturempfehlungen

Anand, Margo *Tantra oder Die Kunst der sexuellen Ekstase*. Goldmann. München 1996

Chang, David *Mit Händen heilen*. Südwest. München 1999

Douglas, Nik/Slinger, Penny *Das große Buch des Tantra*. Irisiana. München 1999

Govinda, Kalashatra *Atlas der Chakras*. Ludwig. München 1999

Lacroix, Nidya *Erotische Partnermassage*. Bassermann. Niedernhausen 1999

Osho *Tantra, Spiritualität und Sex*. Osho Verlag. Köln, 1991

Osho *Tantra – Energie und Ekstase*. Goldmann. München 1999

Schwarz, Aljoscha/Schweppe, Ronald/ Pfau, W. *Aphrodisiaka – Natürliche Geheimnisse für Lust und Liebe*. Haug. Heidelberg 1999

Schwarz, Aljoscha/Schweppe, Ronald *Das Buch vom Bauch*. Rowohlt. Reinbek 1998

Seitz, Anand *Kundalini-Yoga*. Rohwohlt. Rembek, 1999

Thirleby, Ashley *Das Tantra der Liebe*. Heyne. München, 1993

Register

Über den Autor

Kalashatra Govinda wurde 1949 in Bombay/Indien geboren und studierte dort Medizin und Philosophie. Ab seinem zwölften Lebensjahr lernte er die verschiedenen Schulen des Yoga kennen und wurde von einigen der größten Yogis Indiens als Schüler aufgenommen. Nach seinem Studium lehrte er Kundalini-Yoga und Yoga-Philosophie an der Universität von Bangalore in Südindien.

Hinweis

Das vorliegende Buch ist sorgfältig erarbeitet worden. Dennoch erfolgen alle Angaben ohne Gewähr. Weder Autor noch Verlag können für eventuelle Schäden, die aus den im Buch gemachten Hinweisen resultieren, eine Haftung übernehmen.

Bildnachweis

Fotografie: Susanne Kracke, München (Styling: Jacqueline Weber)mit Ausnahme von: A-Z Botanical Collection, London: 91 li.; AKG, Berlin: 10 o. (Jean-Louis Nou), 10 u., 43 (Werner Forman); Bildarchiv Steffens, Mainz: 16, 17 o. (Bridgman Art Library); Ernst Beat, Basel (CH): 91 re., 92; Lance Dane, Indien: 14/15; Südwest Verlag, München: 61 u. (Karl Newedel), 65/Hintergrund (Bernhardt Hecker), 90 (Angela F. Endress)

Impressum

Bildredaktion Sabine Kestler
Illustrationen Sabine Lauf, München
Umschlag Jorge Schmidt
Layout/DTP-Produktion
Jan-Dirk Hansen, München
Druck und Bindung
Neografia, Martin
Gedruckt auf chlor- und säurearmem Papier
Printed in Slowakia
ISBN 3-517-06921-3
817 2635 4453 6271